DIEDERICHS
GELBE REIHE

Buddha in der Geste des Drehens des Rades der Lehre.
(Tibetischer Blockdruck)

PFAD ZUR ERLEUCHTUNG

Das Kleine, das Große
und das Diamant-Fahrzeug

Übersetzt und herausgegeben von
Helmuth von Glasenapp

EUGEN DIEDERICHS VERLAG

Das Umschlagbild zeigt einen Dhyani-Buddha aus dem Tempel Borobudur (Foto: Prof. Dr. Otto Karow).
Für den Nachweis der Zitate der Originaltexte sind in diesem Buch Abkürzungen verwendet worden, deren Bedeutung auf Seite 216 am Schluß des Buches erklärt ist. Auf Seite 217 finden sich Bemerkungen über die Aussprache der im Text vorkommenden indischen Wörter.

CIP-Kurztitelaufnahme der Deutschen Bibliothek
Pfad zur Erleuchtung : d. Kleine, d. Große u. d. Diamant-Fahrzeug übers. u. hrsg. von Helmuth von Glasenapp.
16.–17. Tsd. d. Gesamtaufl. – München : Diederichs, 1988.
  (Diederichs Gelbe Reihe ; 8 : Indien)
  ISBN 3-424-00508-8
NE: GT; Glasenapp, Helmuth von [Hrsg.]

16.–17. Tausend der Gesamtauflage 1988
Alle Rechte vorbehalten
Copyright 1956 by Eugen Diederichs Verlag GmbH & Co. KG, München
Gesamtherstellung: Friedrich Pustet, Regensburg
ISBN 3-424-00508-8

VORWORT

Der Buddhismus unterscheidet sich von vielen indischen und nicht-indischen Religionen dadurch, daß er die Erlösung des Menschen von den Banden der Endlichkeit nicht von göttlicher Gnade, sondern von einer von jedem Heilsucher selbständig zu gewinnenden Erleuchtung erwartet. Wenn er im Verlauf seiner 2500 Jahre umspannenden Geschichte auch zahlreiche Wandlungen durchgemacht hat, so ist der Gedanke, daß das Heil nur durch eine neue Einsicht in das Wesen von Ich und Welt erlangt werden könne, doch bis heute ein charakteristisches Kennzeichen alles echten Buddhismus geblieben, mochte auch die spätere Zeit eine Herbeiführung der Erleuchtung durch das Erbarmen des Buddha Amitâbha oder durch die Ausführung kultischer Akte für möglich halten.

Die hier vorgelegte Sammlung von Übersetzungen autoritativer indischer Texte des „Kleinen", des „Großen" und des „Diamant-Fahrzeugs" – das heißt der drei Phasen der buddhistischen Lehrentwicklung will einem weiteren Leserkreis das Verständnis der großen östlichen Religion erschließen. Die Buddhisten sehen in dem *Buddha*, in der Lehre *(dharma)* und in der Gemeinde *(sangha)* das „dreifache Kleinod" *(triratna)*, das heißt den kostbaren Inbegriff ihrer Religion. Es empfahl sich daher diese drei Hauptbegriffe der buddhistischen Dogmatik als Einteilungsprinzip zu verwerten und die Anschauungen, die jedes der drei „Fahrzeuge" über sie ausgebildet hat, an der Hand von Textproben zur Darstellung zu bringen.

Das buddhistische Schrifttum ist von gewaltiger Ausdehnung, nicht nur weil die Zahl der Werke, die ihm zugehören, sehr bedeutend ist, sondern auch weil die meisten Texte ihre Unterweisungen mit breitester Ausführlichkeit vortragen. Der moderne westliche Leser, dem es vorzugsweise auf die Aneignung ihres gedanklichen Inhalts ankommt, wird durch diesen allzugroßen Umfang eher abgeschreckt als angezogen. Für den, der sich über den Buddhismus an Hand der Quellen kurz aber ausreichend unterrichten will, erschien deshalb in dem vorliegenden Buche eine Beschränkung auf das Wesentliche und eine gedrängte Zusammenfassung der eigentlichen Quintessenz der Texte geboten. So enthält diese Sammlung zwar nichts, was nicht in den heiligen Schriften steht, läßt aber alles beiseite, was nicht zum Kern der Sache gehört. Wer die übersetzten Stücke in ihrem vollen Wortlaut mit allen ihren Umrahmungen, Wechselreden, schmückenden Beiworten und für den Inhalt nicht unbedingt erforderlichen Einzelheiten kennenlernen will, mag sie mit Hilfe der jeweils gegebenen Nachweise in den Originalschriften oder in vollständigen Übertragungen nachschlagen.

Helmuth von Glasenapp

ZUR NEUAUSGABE 1974

Elf Jahre sind seit dem Tode Helmuth von Glasenapps (1891–1963) vergangen. Die Wirkung dieses großen Tübinger Gelehrten hat seitdem nicht nachgelassen; sein Hauptwerk „Die fünf Weltreligionen", das die Fülle religiöser Erscheinungsformen, Trennendes und Gemeinsames vergleichend beschreibt, bleibt unübertroffen.

Auch seine Übersetzung buddhistischer Grundtexte, erstmals „zur 2500. Wiederkehr des Eingehens Buddhas in das Nirvâna" im Jahre 1956 erschienen, zeichnet sich durch ihre klare und knappgefaßte Sprache aus. Da diese Texte nicht nur für sich stehen, sondern in den Gang der Darstellung eingeordnet und sorgfältig kommentiert werden, ergibt sich als Ganzes ein höchst anschauliches Lesebuch des Buddhismus – nützlich für jeden, der sich mit Indiens Geist und Geschichte näher befassen will.

Der Verlag

EINLEITUNG

Im Verlaufe seiner 2½ Jahrtausende umspannenden Geschichte hat der Buddhismus drei verschiedene Formen hervorgebracht, die als „Fahrzeuge" (yâna) zum Heil bezeichnet werden: das „Kleine Fahrzeug" (Hînayâna), das „Große Fahrzeug" (Mahâyâna) und das „Diamant-Fahrzeug" (Vajrayâna). Dabei werden zu dem „Kleinen Fahrzeug" die Schulen gerechnet, welche aus den ältesten Gemeinden hervorgegangen sind, während die beiden anderen Fahrzeuge erst in späterer Zeit entstanden.*

Hînayâna – Das kleine Fahrzeug

Buddha selbst hat weder etwas Schriftliches hinterlassen, noch sind seine Reden nachgeschrieben worden. Alle Kenntnis über das, was er gelehrt und gesagt hatte, beruhte daher auf der mündlichen Überlieferung seiner Schüler. Durch Vergleich und Austausch des Gehörten wurde wahrscheinlich in der von Buddha bei seinen Unterweisungen selbst gebrauchten Mâgadhî-Sprache ein zunächst auch weiterhin mündlich weitergegebener „Urkanon" heiliger Überlieferungen hergestellt. Da der Buddhismus in indischen Landschaften mit verschiedenen Sprachen Fuß faßte und infolge des Fehlens einer zentralen Organisation im Laufe der Zeit bei den einzelnen Mönchsgemeinden voneinander abweichende Auffassungen über die Lehre entstanden, bildeten sich bereits frühzeitig verschiedene Sekten, deren Traditionen zwar alle auf dem „Urkanon" zu beruhen behaupteten, aber nach Sprache, In-

---

* Den Buddhismus habe ich mit den anderen Glaubensformen der Menschheit verglichen in meinem Buche „Die fünf großen Religionen" (2. Aufl. Düsseldorf 1954) und u. a. in folgenden Schriften eingehend behandelt: „Der Buddhismus in Indien und im Fernen Osten" (Berlin 1936), „Die Weisheit des Buddha" (Baden-Baden 1946), „Die Religionen Indiens" und „Die Philosophie der Inder" (beide in Kröners Taschenausgaben).

halt und Anordnung mannigfach voneinander abwichen. Von den aus der Mâgadhî-Sprache in verschiedene mittelindische Mundarten (Prâkrits) oder ins Sanskrit übertragenen Texten des Kanons der Mahâsânghikas, Sarvâstivâdins, Vatsîputrîyas usw.* sind nur Bruchstücke in indischen Sprachen, teilweise aber Übersetzungen ins Chinesische und Tibetische auf uns gekommen. Hingegen besitzen wir den vollständigen Kanon der Theravâdins (Pâli-Ausdruck für Sanskrit: Sthaviravâdins, das heißt Anhänger der Lehre der ältesten Mönche), der in Pâli abgefaßt ist. Das Pâli ist eine Literatursprache ohne kennzeichnende Dialektmerkmale. Es gehört der mittelindischen Stufe der Sprachentwicklung an und unterscheidet sich vom Altindischen (Sanskrit) durch Angleichung inlautender Konsonantengruppen, Abfall auslautender Konsonanten und Vereinfachung der Flexion. Sein Verhältnis zum Sanskrit ist oft mit dem des Italienischen zum Lateinischen verglichen worden. Dadurch, daß beim Untergang des Buddhismus auf dem vorderindischen Kontinent die Schriften der anderen Hînayâna-Schulen in Verlust gerieten, in Ceylon hingegen, dem Hauptsitz der Theravâdins, der Buddhismus weder durch den Brahmanismus noch durch den Islam verdrängt wurde, ist der Pâli-Kanon für uns gegenwärtig der wichtigste und bisher einzige vollständig bekannte und heute noch lebende Repräsentant des Schrifttums des Kleinen Fahrzeugs. Seine schriftliche Fixierung soll unter König Vattagâmani in Ceylon im ersten Jahrhundert v. Chr. erfolgt sein. Er wird das „Tipitaka" (Pâli für Sanskrit „Tripitaka"), das heißt der „Dreikorb", genannt, weil er aus drei Abteilungen besteht: dem „Korb der Mönchsdisziplin" (Vinaya-pitaka), dem „Korb der Lehrreden" (Sutta-pitaka) und dem „Korb der dogmatisch-scholastischen Metaphysik" (Abhidhamma-pitaka). Von diesen drei Abteilungen ist für unsere Zwecke das Sutta-pitaka die wichtigste, weil sie in Form von Predigten des Buddha eine eingehende Darlegung seiner Lehren enthält. Das Sutta-pitaka zerfällt in fünf Sammlungen (Nikâya). Die ersten vier von diesen enthalten die ›lan-

* André Bareau „Les sectes Bouddhiques du Petit Véhicule" (Saigon 1955).

gen‹ (dîgha), ›mittellangen‹ (majjhima), ›inhaltlich zu Gruppen zusammengefaßten‹ (samyutta) und ›nach dem Prinzip der Zahl der in jedem Sutta behandelten Gegenstände (1 bis 11) aneinandergereihten‹ (anguttara) Lehrreden. Der fünfte Nikâya trägt einen anderen Charakter. Er ist eine Sammlung von kurzen (khuddaka) Stücken verschiedener Art. Zu ihm gehören die in diesem Buch mehrfach herangezogenen Dichtungen „Dhammapada" (Worte der Lehre), „Thera- und Therîgâthâ" (Lieder der Mönche bzw. der Nonnen), zwei Auswahlen von Buddhaworten („Udâna" ›begeisterte Aussprüche‹ und „Itivuttaka" ›so sprach er‹) und ein Band von zu Kapiteln (nipâta) zusammengefaßten Einzeltexten (Suttanipâta, von K. E. Neumann irrtümlich als „Sammlung der Bruchstücke" wiedergegeben). Dazu kommt das Andachtsbuch Khuddaka-pâtha (Rezitation kleiner Stücke), der Buddha-vansa, eine Geschichte der dem historischen Buddha vorausgegangenen Welterleuchter, und das Jâtaka, eine Sammlung von Legenden über 547 frühere Existenzen (jâtaka) Gautamas.

An die kanonischen Texte schließt sich eine reiche, ebenfalls in Pâli abgefaßte exegetische Literatur an, deren Blütezeit bis in das 12. Jahrhundert n. Chr. reicht und deren Ausläufer sich bis in die Gegenwart erstrecken. Von den in diesem Buch herangezogenen Werken ist das älteste der „Milindapanha" (die Fragen des Milinda). Das Werk behandelt die Unterredungen über dogmatische Fragen, welche der in Nordwestindien im 2. Jahrhundert v. Chr. herrschende Griechenkönig Menandros mit dem buddhistischen Mönch Nâgasena gehabt haben soll. Der berühmte Kommentator Buddhaghosa (5. Jh. n. Chr.) ist durch seine Werke „Visuddhimagga" (der Weg zur Reinheit) und „Atthasâlinî" („sinnreiche" Erläuterung) vertreten.

Das Pâli-Schrifttum ist bis zum heutigen Tage die autoritative Grundlage der buddhistischen Lehre in Ceylon, Burma, Siam (Thailand), Kamboja und Laos. Dieser Pâli-Buddhismus wird, weil er heute in den südlich von Ostasien und Tibet gelegenen Ländern blüht, oft „südlicher Buddhismus" genannt, seine Bezeichnung als „Hîna-yâna" wurde nach Aufkommen des Mahâyâna von dessen Anhängern ursprünglich in abschätzigem Sinne (hîna = gering) gebraucht, wird aber in der Wissenschaft heute natürlich ohne jedes Werturteil verwendet, um ihn von dem jetzt zu besprechenden Mahâyâna-Buddhismus zu unterscheiden.

Mahâyâna – Das große Fahrzeug

In der Zeit kurz vor und um die Zeitwende entstand in Indien eine neue Form des Buddhismus, die sich selbst wegen ihrer weitergespannten Heilsziele als Mahâyâna bezeichnete. Das Wort yâna ist vieldeutig: es bedeutet gleicherweise: Weg, Laufbahn, Fahren, Überfahrt, Fahrzeug, Vehikel, doch hat sich in Europa die Wiedergabe mit „Fahrzeug" durchgesetzt. Das Mahâyâna erkennt alle wesentlichen Lehren des Hînayâna an und beruft sich auch auf Hînayâna-Texte, das heißt im wesentlichen auf solche der Prâkrit und Sanskrit verwendenden alten Schulen (die in Pâli abgefaßten Schriften der Theravâdins scheinen im späteren Indien wenig verbreitet gewesen zu sein). Es ergänzt die alten Glaubenssätze aber durch neue Anschauungen über die Stellung der Buddhas, über die allem zugrundeliegende Alleinheit, über den Weg zur Erleuchtung usw. und hat namentlich das Kultwesen prunkvoll ausgestaltet.
Der Übergang zwischen dem Kleinen und dem Großen Fahrzeug hat seinen Niederschlag gefunden in dem „Mahâvastu" (Buch der großen Begebenheiten) und in der Buddhabiographie „Lalitavistara" (Ausführliche Erzählung vom Spiel des Buddha). Während diese beiden Bücher in „hybridem Sanskrit", das heißt einer Mischung von Sanskrit und Prâkrit bzw. einem sanskritisierten Prâkrit abgefaßt sind, schrieb der im 2. Jahrhundert n. Chr. lebende Ashvaghosha ein klassisches Sanskrit.
Das Mahâyâna betrachtet eine Reihe von meist sehr umfangreichen Lehrtexten (Sûtras) als Wiedergaben von Predigten Buddhas, die angeblich jahrhundertelang nicht bekannt-

gemacht worden waren, weil die Zeit für ihr Verständnis noch nicht gekommen war. Die tatsächliche Abfassungszeit der Sûtras läßt sich nicht bestimmen, doch ergibt die Abfassungszeit der chinesischen Übersetzungen derselben eine untere Grenze. Die wichtigsten der in diesem Buche herangezogenen Texte sind folgende: 1. Sukhâvatî-vyûha ›Die ausführliche Schilderung des reinen Landes‹ (des Paradieses des Buddha Amitâbha), ins Chinesische übersetzt 147–186 n. Chr. 2. Prajnâpâramitâ ›Die Vollkommenheit der Erkenntnis‹, chinesisch in einer Fassung bereits 170 n. Chr. 3. Vimalakîrtinirdesha ›Die Lehren des Vimalakîrti‹, chinesisch 222–280 und 384–417 n. Chr. 4. Saddharma-pundarîka ›Der Lotus des guten Gesetzes‹, chinesisch 265–316 n. Chr. 5. Dashabhûmika ›Die zehn Stufen‹ (des Weges zur Erlangung der Buddhaschaft), chinesisch 297 n. Chr. 6. Ganda-vyûha, unter dem Titel „Buddhâvatansaka", ›Buddhaschmuck‹, chinesisch um 400 n. Chr. 7. Suvarna-prabhâsa ›Goldglanz‹, chinesisch 414–433 n. Chr. 8. Lankâvatâra ›Die Offenbarung (der Lehre) in Lankâ‹, chinesisch 443 n. Chr. 9. Tathâgataguhyaka ›Das Buddhageheimnis‹, chinesisch 534–540 n. Chr. Von den großen Mahâyâna-Schriftstellern sind hier vertreten: Nâgârjuna (2. Jh. n. Chr.) und sein Schüler Âryadeva, Asanga (4. Jh.), Candrakîrti (7. Jh.) und Shântideva (7. Jh.). Der letztere hat uns in seinem „Shikshâ-samuccaya" (Summe der Lehre) in Form von Zitaten zahlreiche Stellen aus heute nicht mehr vorhandenen indischen Texten erhalten.

Das Mahâyâna hat in Vorderindien neben dem Hînayâna bis zum bald nach 1000 n. Chr. einsetzenden Verfall und schließlichen Untergang des Buddhismus auf dem Gangeskontinent bestanden. Dadurch, daß der Buddhismus nach Hinterindien, Indonesien, Nepâl, Afghanistan, Chinesisch-Turkestan, China, Korea, Japan, Tibet und der Mongolei kam und in diesen Ländern damals das Mahâyâna besonderen Anklang fand, ist das Große Fahrzeug diejenige Form des Buddhismus geworden, in der die Lehre Gautamas recht eigentlich zu einer Weltreligion wurde. In Indien wurde die Buddhalehre später durch den Hinduismus und Islam, in

Afghanistan, Chinesisch-Turkestan und Indonesien durch den Islam verdrängt, in Hinterindien ist das Mahâyâna (außer in Vietnam) später wieder vor dem Hînayâna zurückgewichen. Bis zur Gegenwart besteht das Große Fahrzeug aber in China, Korea, Japan, in Tibet und der Mongolei und den Himâlayastaaten. Diese nach seinem heutigen Verbreitungsgebiet als „nördlich" bezeichnete Form des Buddhismus ist diejenige, in welcher die Lehre Gautamas die meisten Anhänger hat. Eine zuverlässige Zahl seiner Bekenner läßt sich jedoch nicht angeben, weil viele von den 600 Millionen Chinesen gleichzeitig dem Buddhismus wie dem Konfuzianismus und Taoismus zugerechnet werden können.

Vajrayâna – das Diamant-Fahrzeug

Die dritte Form, die der Buddhismus im Verlauf seiner Geschichte in Indien angenommen hat, wird als Mantra-yâna (Fahrzeug der Zaubersprüche) oder Vajra-yâna bezeichnet[*]. Letzterer Name kommt daher, daß die Priester dieser Richtung bei religiösen Zeremonien einen „vajra" (sprich: wadschra), das heißt ein bolzenartiges Szepter verwenden. Das Wort „vajra" bedeutet sowohl „Donnerkeil" (z. B. den Blitzstrahl, den der Gott Indra schon im Veda als Waffe benutzt) wie „Diamant", in dieser doppelten Bedeutung ist es zum zentralen Kennwort dieser Richtung geworden, so daß nicht nur das Absolute als Vajra bezeichnet wird, sondern auch die Namen und Titel von Buddhas, überirdischen Wesen, Priestern, Büchern usw. dieses Wort aufweisen. Das „Diamantfahrzeug" hat sich allmählich aus dem Mahâyâna entwickelt, es wurde und wird heute noch vielfach als eine Unterabteilung des Mahâyâna gerechnet, indem gesagt wird, das erstere beschäftige sich mit der Heilsgewinnung vermöge der Methode (naya) einer Ausbildung moralischer Vollkommenheit (pâramitâ), während das Vajrayâna dasselbe durch die

---

[*] Vergl. dazu H. v. Glasenapp „Buddhistische Mysterien. Die geheimen Lehren und Riten des Diamant-Fahrzeugs" (Stuttgart 1941).

Methode der Zauberformeln (mantranaya) bezwecke. Diese Erklärung zeigt schon, daß es sich bei dem „Diamantfahrzeug" um einen magischen Buddhismus handelt; es liegt also der Fall vor, daß die kultischen Begehungen, denen im Mahâyâna im Laufe der Zeit eine immer größere Bedeutung zugeschrieben wurde, schließlich unter Auswirkung des in der Religionsgeschichte oft zu beobachtenden Gesetzes von der ›Überwucherung des Mittels über den Zweck‹ zum Hauptzweck des Glaubenslebens wurden. Dabei war das Vorbild des Hindutums maßgebend. Seit den ersten Jahrhunderten n. Chr. waren in diesem, wahrscheinlich im Wege der literarischen Adaptierung uralter, vorwiegend vorarischer Volksanschauungen, zwei häufig miteinander verbundene Bewegungen entstanden, die die ganze Weiterentwicklung der Religion bestimmten: der Tantrismus und der Shaktismus. Der Tantrismus, der seinen Namen von seinen Haupttexten, den „Tantras" (wörtl.: Geweben) hat, ist ein Ritualismus, der durch mystische Silben, Gesten, Weihehandlungen usw. unter sichtbarer Form unsichtbare transzendente Wirkungen zu erreichen sucht, der Shaktismus ist eine Anschauung, welche den als weiblich vorgestellten „Kräften" (shakti) von Göttern, also ihren Gemahlinnen, eine bedeutsame Rolle zuschreibt. Es scheint, daß der Tantrismus im Gefolge der schon vom älteren Buddhismus entwickelten Lehre von der magischen Gewalt der Dhâranîs (Bannformeln) im Mahâyâna immer mehr hervortrat, soll doch schon der 317–322 in Nanking tätige Prinz Shrîmitra die Wissenschaft von den Mantras, Abhishekas usw. in China vertreten haben. Im Zusammenhang mit dieser Esoterik kam auch der Kult weiblicher Gottheiten in wachsendem Maße in Aufnahme, doch wurden diese zuerst als geschlechtslose Bodhisattvas in weiblicher Form gedacht. Allmählich drang aber auch das erotische Element des Shaktismus in den Buddhismus ein. Es entwickelte sich so namentlich in Bengalen eine Geheimwissenschaft, welche den Buddhas und Bodhisattvas weibliche Vidyâs (Erkenntnisse) beigab. So entstand in der letzten Phase, die die Religion Gautamas im Gangeslande durchlief, eine sexuelle Mystik, welche im Universum die Polarität männlicher und weiblicher Kräfte feststellte, durch deren Vereinigung zu ›gemeinsamem Genuß‹ (sama-rasa) die Wonne des Absoluten erfahrbar wird. Entsprechend soll auch die sakrale geschlechtliche Vereinigung mit einer rituell geweihten Frau (Vidyâ „Wissen" oder Mudrâ „Geste" genannt) dem Frommen das höchste Heil vermitteln. Diese Abart des Diamantfahrzeugs verwendet zwar die Termini des Mahâyâna, gibt ihnen aber zugleich eine erotische Deutung: die Erkenntnis (prajnâ) eines Buddha ist das weibliche, der Kunstgriff (upâya), den er bei der Bekehrung der Lebewesen verwendet, das männliche Prinzip; im Aspekt der großen Lust (mahâsukha), in welcher ein Buddha mit seiner Shakti vereinigt ist, wird der „vierte Körper" eines Buddha gesehen, der noch den Dharma-kâya überragt. Es ist klar, daß hier Vorstellungen und Riten zur Geltung kamen, die dem alten Buddhismus von Natur aus durchaus fremd sind, ja, seine Anschauungen in das gerade Gegenteil verkehren, denn nach dem Pâli-Kanon war Buddha ein Gegner aller Geheimlehren (S. 57) und verkündete einen asketischen Erlösungspfad. Es hat daher dem Vajrayâna nie an Gegnern aus dem Lager der Anhänger des Überlieferten gefehlt, doch war zeitweise bei manchen Buddhisten die Begeisterung für diese neue Form der Lehre und des Kultus so groß, daß sich diese in der 2. Hälfte des ersten Jahrtausends n. Chr. über die ganze buddhistische Welt verbreitete. Später trat jedoch ein Rückschlag ein, heute bestehen zwei Vajrayâna-Sekten in nicht erotischer Form noch in Japan, während die sexuelle Esoterik sich noch bei einigen Schulen in Nepâl und in den lamaistischen Ländern erhalten hat.

Als Beispiele werden in vorliegendem Buche einige Texte aus der Sammlung „Sâdhana-mâlâ" (Kranz der Beschwörungsmethoden) der Gaekwad Oriental Series 26 und 41 (Baroda 1925, 1928), aus den von L. Finot, Journal Asiatique 1934, herausgegebenen ›Manuscripts Sanskrits, retrouvés en Chine‹ und aus dem zuletzt von K. Wulff behandelten javanischen ›Sang Hyang Kamahâyâna Mantrânaya‹ (Dänische Akademie Kopenhagen 1935) wiedergegeben.

Einleitung

Die Buddhisten sprechen von „drei Edelsteinen" (triratna), welche den Inbegriff ihrer Religion bilden. Es sind dies: der Buddha, die Lehre (dharma) und die Mönchsgemeinde (sangha). Diese Dreiheit wurde im Folgenden als Einteilungsprinzip der Übersetzungen von Texten der drei Fahrzeuge verwendet, wobei hier aus praktischen Gründen unter dem Titel „Gemeinde" auch das behandelt wird, was sich auf die soziale Ordnung und den Kultus bezieht. Einige kurze Bemerkungen mögen das Verständnis der Texte erleichtern und ihren Zusammenhang aufzeigen.

Buddha

„Buddha", d. h. „der Erwachte", ist der Ehrenname des Begründers der nach ihm von uns Buddhismus genannten Lehre. Er führt diesen Titel erst mit gewonnener Erleuchtung (bodhi), vorher wird er als Bodhisattva, als ein zur Erleuchtung bestimmtes Wesen, bezeichnet. Andere Ehrennamen des Erleuchteten sind: der Heilige (arhat), der Erhabene (bhagavat), der Tathâgata (der so gegangene, wahrscheinlich: der den von ihm dargelegten Pfad auch selbst gegangen ist; hier meist als „der Vollendete" wiedergegeben). Mit seinem persönlichen Namen hieß der Buddha Siddhârtha (der sein Ziel erreicht hat), häufig wird er nach dem Namen eines Lehrers der Vorzeit, dem sich seine Familie verbunden glaubte, auch Gautama genannt. Da er dem Adelsgeschlecht der Shâkyas der im Himâlaya gelegenen Stadt Kapilavastu entstammte, wo sein Vater als Fürst (wahrscheinlich als Archont einer Adelsrepublik) herrschte, wird er auch Shâkyasinha (Löwe der Shâkyas) oder Shâkya-muni (der Weise unter den Shâkyas) genannt. Es wird heute kaum noch bezweifelt, daß Buddha eine historische Persönlichkeit gewesen ist, als seine Lebenszeit sind von der europäischen Forschung die Jahre um 560–480 v. Chr. ermittelt worden, die Buddhisten selber geben verschiedene Jahreszahlen an, so soll nach den Theravâdins Buddha 543 v. Chr. gestorben sein. Die Tradition behauptet übereinstimmend, daß der Prinz Siddhârtha 29 Jahre alt war, als er seine Gattin und seinen soeben geborenen Sohn Râhula verließ, nach sechs Jahren des Suchens und Ringens die Erleuchtung fand und als Achtzigjähriger starb.

Gleich den Stiftern anderer Religionen war auch Buddha schon bei Lebzeiten in den Augen seiner Verehrer ein Mensch, der sich durch seine Geistesschulung ein allumfassendes Wissen und übernatürliche Kräfte angeeignet hatte. Nach seinem Tode wurde seine ehrfurchtgebietende Gestalt mit einem immer dichteren Strahlenkranz von Legenden und Wundererzählungen* umgeben und die Dogmatiker waren bestrebt, seine körperlichen Eigenschaften und geistigen Kräfte im Einzelnen zu definieren und zu präzisieren. Als überzeugte Anhänger des Glaubens an die Wiederverkörperung jedes Einzelwesens in immer neuen Existenzen beschäftigten sich die Frommen mit der Geschichte der früheren Erdenleben des Buddha, in welchen er die Grundlagen zu seinem geistigen Aufstieg gelegt haben sollte. Das indische Weltbild, das keinen ersten Anfang und kein definitives Ende des Weltprozesses kennt, mußte konsequenterweise postulieren, daß das Auftreten eines Buddha nicht ein einmaliges Geschehnis im kosmischen Gesamtverlauf darstellt, sondern daß auch in der Vergangenheit Welterleuchter aufgetreten sind und in Zukunft immer wieder auftreten werden.

Diese bereits im Hînayâna anzutreffenden Tendenzen erfahren im Mahâyâna eine beständige Steigerung. Der historische Buddha wird in wachsendem Maße in übernatürliche Sphären erhoben, so daß der Shâkyamuni des Lotusbuchs zu einem von höheren Welten aus wirkenden Heilbringer geworden ist. Hatte sich die Glaubensinbrunst bisher vorwiegend mit dem Shâkya-Weisen beschäftigt, so schuf sie sich jetzt in anderen mythischen Buddhas wie Amitâbha

---

* Andere Geschichten über Buddhas Geburt, seine Wundertaten, seine Luftreisen nach Ceylon usw. habe ich in dem Büchlein „Buddha. Geschichte und Legende" (Zürich 1950, Verlag der Arche) wiedergegeben.

Einleitung

Heilandsgestalten, die den Weg zur Erlösung erleichtern sollten. In der Theorie von den drei Körpern (trikâya) eines Buddha wurde dann der Versuch unternommen, die Vielheit der Welterleuchter mit der Einheit des sich in allen manifestierenden Erlösungsprinzips zu vereinigen.

Im *Diamantfahrzeug* werden die Tathâgatas aus Wesen, die sich aus eigener Kraft zu ihrem hohen Range emporgearbeitet haben, zu magischen Ausstrahlungen eines Urbuddha, der sie durch seine Meditationen geschaffen hat. Die Verbindung der Buddhas mit weiblichen Partnern, die im späteren esoterischen Vajrayâna auftritt, trägt dann in die Buddhagestalt ein Element herein, das ihr von Hause aus völlig fremd war und deshalb von den meisten Buddhisten abgelehnt wird.

Die Lehre

Da alles was über die Unterweisungen Gautamas auf uns gekommen ist, erst nach jahrhundertelanger mündlicher Überlieferung im Kreise verschiedener Schulen niedergeschrieben wurde, ist es unmöglich, genau zu bestimmen, was Buddha selbst gelehrt hat. Die Wahrscheinlichkeit spricht aber dafür, daß die von allen Schulen ihm zugesprochenen Anschauungen auf ihn selbst zurückgehen. Für unsere Zwecke ist eine Erörterung der Frage, was Buddha selbst gesagt haben oder nicht gesagt haben kann, nicht vonnöten, denn dieses Buch will nur einen treuen Bericht über die Lehren geben, die *heute* von den Buddhisten als verbindlich angesehen werden.

Das *Kleine Fahrzeug*, das hier durch den Pâli-Kanon repräsentiert wird, lehrt eine Philosophie des Werdens, die sich auf einen radikalen Pluralismus gründet. Es gibt keine beharrenden Substanzen in der Welt: keine Materie, aus der sich alles im Wege der Evolution gebildet hat, keine unvergänglichen Seelenmonaden, keinen persönlichen Weltregierer noch einen unpersönlichen geistigen Urgrund des Alls, aus dem alles entstand. Vielmehr kennt der alte Buddhismus nur ein Wechselspiel von in funktioneller Abhängigkeit voneinander aufspringenden und wieder vergehenden Faktoren. Diese sog. „dharmas" sind unpersönliche Kräfte, die als nicht weiter reduzierbare Elemente der Wirklichkeit angesehen werden und durch ihre Verknüpfung alles zustandebringen, was uns in unserer inneren und äußeren Erfahrung entgegentritt. Diese Dharmas, die ihren Namen davon haben, daß sich in ihnen des Weltgesetz (Dharma) manifestiert, sind, in unsere Denkweise übersetzt, Eigenschaften ohne einen Eigner, Geistestätigkeiten ohne einen Täter, Gemütsregungen ohne ein Subjekt, das sie erlebt, Zustände und Vorgänge ohne eine Substanz, an der sie sich vollziehen. Ihnen wird also eine gewisse, wenn auch flüchtige Eigenständigkeit zugeschrieben. Zu den Dharmas werden Töne, Farben, Atem, Lebenskraft, Bewußtsein ebenso gerechnet wie Glaube, Haß, Trägheit, Werden, Entstehen, Vergehen usw., also Dinge, die wir unter ganz verschiedene Kategorien einordnen würden. Unbelebte Naturprodukte, künstlich hergestellte Gegenstände und Lebewesen sind hingegen keine Dharmas, sondern Kombinationen aus einer Vielheit von ihnen. Die Wirklichkeit löst sich für den Buddhisten mithin auf in eine Fülle von Phänomenen, die nicht auf einen beharrenden Kern, Stoff oder Urgrund zurückgeführt und nicht weiter erklärt, sondern nur in ihrer Wirkung festgestellt werden können. Diese von der unsern so verschiedene Art der Weltbetrachtung bedeutet einerseits eine Vorwegnahme von Anschauungen des modernen Positivismus, wie sie in der Kritik des Substanzbegriffs durch Hume und Mach formuliert worden sind, andererseits scheint sie auf die im Veda und den Brâhmana-Texten noch stark hervortretende alte Denkweise zurückzugehen, die allem was existiert, ein eigenständiges, quasi-dingliches Dasein zuschreibt. Es ist dies eine Auffassung, die auch in unserer Sprache noch Spuren hinterlassen hat, wenn wir sagen ›Zorn flammt auf, Liebe erlischt, Glaube schwindet, Tod tritt ein‹, obwohl wir Zorn, Liebe, Glaube, Tod nicht als objektive, von einem Subjekt unabhängige Realitäten, sondern nur als an Individuen zutage tretende Eigenschaften, Vermögen, Zustände, Vorgänge usw. ansehen.

Einleitung

Auf der Grundlage dieser Dharma-Theorie hat der Buddhismus ein umfassendes System aufgebaut; sie dient ihm zur Begründung seiner These von einer Wiederverkörperung ohne beharrende Seele, sie bildet das Fundament seiner Ethik und Heilslehre. Dadurch, daß durch gute oder schlechte Gedanken, Worte und Taten gute oder schlechte Dharmas in den Strom von Dharmas, die ein scheinbares Individuum bilden, gelangen, wird die Wesensart und das Karma einer Persönlichkeit bestimmt und umgewandelt. Der Fortschritt auf dem Wege zur Erlösung besteht deshalb darin, daß unheilvolle Dharmas ausgeschaltet oder am Entstehen gehindert, heilbringende hervorgerufen und gefördert werden. Hat sich ein Mensch im Verlaufe zahlloser Wiederverkörperungen so weit geläutert, daß er frei wurde von den drei gröbsten Fesseln, die ihn an die Sinnenwelt binden (Glaube an ein beharrendes Selbst, Zweifelsucht, Hängen an Regeln und Riten), so ist er dadurch aus einem Weltling zu einem in den Strom (der Erlösung) eingetretenen „Edlen" geworden, der höchstens noch siebenmal in einer günstigen Existenz wiedergeboren werden kann; hat er auch die beiden weiteren Fesseln: sinnliches Begehren und Übelwollen in ihrer gröberen Form von sich abgetan, so wird er ein „Einmalwiederkehrer", der sich nur noch einmal in der Sinnenwelt wiederverkörpert; ist er ganz von den fünf niederen Fesseln befreit, so braucht er nie wieder in die Leidenswelt zurückzukehren, sondern erreicht von einer göttlichen Welt aus das Nirvâna. Der aber, der auch der übrigen 5 Fesseln (Begehren nach feinkörperlichem bzw. unkörperlichem Dasein in einer Himmelswelt, Dünkel, Aufgeregtheit, Nichtwissen) ledig geworden ist, ist ein Heiliger (arhat) geworden; er hat damit sein letztes Dasein in der Wanderwelt erreicht und geht beim Tode in das Nirvâna ein.

Das Nirvâna („Verlöschen") ist eine Realität (dharma), die erst dann zu ihrer vollen Auswirkung kommt, wenn alle vergänglichen bedingten Dharmas (auch sanskâras genannt) die Möglichkeiten ihrer Dynamik verloren haben. Es gleicht deshalb dem leeren Raum, mit dem es auch darin übereinstimmt, daß es keine Entstehungsursache hat und Zeitbegriffe sich auf es nicht anwenden lassen (Milinda p. 268). Für den Erlösten ist das Nirvâna das höchste Heil, für den, der noch dem Sansâra verhaftet ist, ein Nichts, freilich ein relatives, nicht ein absolutes Nichts. Mit Recht hat schon Schopenhauer (Welt als Wille und Vorstellung II, Kap. 48) von ihm gesagt: ›Wenn etwas nichts ist von allem dem, was wir kennen, so ist es allerdings für uns überhaupt nichts. Dennoch folgt hieraus noch nicht, daß es absolut nichts sei, daß es nämlich auch von jedem möglichen Standpunkt aus und in jedem möglichen Sinne nichts sein müsse, sondern nur, daß wir auf eine völlig negative Erkenntnis desselben beschränkt sind‹.

Das *Große Fahrzeug* hat die hînayânistische Theorie von der Vielheit der Dharmas in sein Lehrgebäude übernommen, aber durch Hinzufügung eines neuen oberen Stockwerks zu einer monistischen Metaphysik erweitert. Für die *„mittlere Lehre"* haben die Dharmas nur eine Scheinrealität gegenüber der über allen Pluralismus erhabenen unausdenkbaren Leerheit (shûnyatâ). Nach der *„Nur-Bewußtseinslehre"* gehören die Dharmas hingegen einer mittleren Realitätsstufe an, sie sind nicht schlechthin unreal wie die Außendinge, die nur Projektionen unseres Denkens sind, sie haben andererseits auch nicht Wirklichkeit im höchsten Sinne wie das absolute Bewußtsein. Als Einzelfaktoren von momentaner Dauer, in denen sich das Absolute spiegelt, gleichsam als Blitzstrahlen oder Lichtsignale aus diesem, haben sie eine bedingte Realität. Das Verhältnis zwischen dem „Eingebildeten", dem „Bedingten" und dem „Absoluten" wird, natürlich nur unzulänglich, durch folgendes Bild verdeutlicht: die Schlange, die man in der Dunkelheit zu sehen glaubt, obwohl nur ein harmloser Strick vor einem liegt, ist eine „Einbildung", der Strick selbst, der die Veranlassung zum Aufkommen des Irrtums ist, besitzt als eine Kombination von Dharmas eine bedingte kurzfristige Realität, der Hanf, aus dem der Strick besteht, versinnbildlicht demgegenüber die höchste Wirklichkeit.

Die Ethik des Mahâyâna stellt die dem alten Buddhismus keineswegs fehlenden Züge tätigen Wohlwollens gegen alle

Einleitung

Lebewesen so in den Vordergrund, daß sich dadurch das Bild des idealen Heiligen wandelt. Nicht der Arhat, der auf seine eigene Erlösung hinarbeitet und sich in beschaulicher Ruhe in sich selbst zurückzieht, ist das Hochziel, dem der Gläubige zustrebt, sondern der *Bodhisattva,* der wie Shâkyamuni selbst ständig darum bemüht ist, alle Wesen zum Heil zu führen. Dementsprechend verändert sich auch die Vorstellung vom Nirvâna: dem statischen egoistischen Heilszustand des Arhat des Kleinen Fahrzeugs wird ein dynamisches, altruistisches Nirvâna eines Heiligen übergeordnet, der unablässig für das Glück der Welt tätig ist.

Die verschiedenen Systeme des Vajrayâna benutzen die „mittlere" oder die „Nur-Bewußtseinslehre" als Basis für ihre All-Einheitsmystik, die durch magische Akte die Verbindung mit dem als ein Urbuddha vorgestellten Absoluten zu erreichen sucht und in allen Erscheinungen des Kosmos bis zu den niedrigsten hinab Äußerungsformen dieses Urbuddha und seiner Manifestationen erblickt.

Die Gemeinde (sangha) und der Kultus

Die *Gemeinde der Mönche und Nonnen,* das heißt der ganz einem religiösen Leben zugewandten Menschen, gilt allen Buddhisten als etwas Verehrungswürdiges. Im Vajrayâna wird die Ehrfurcht vor den Seelsorgern so gesteigert, daß nicht nur moralisch nicht einwandfreie Angehörige des geistigen Standes doch als Mitglieder des Klerus Anspruch auf absolute Hochschätzung haben, sondern daß auch der Laie verpflichtet ist, ihm alles aus seinem Besitz zur Verfügung zu stellen, wie dies Mantranaya Strophe 34 ff. eingeschärft wird.

Die drei Fahrzeuge haben gleicherweise das indische *Kastenwesen* als Institution der Gesellschaft zwar de facto anerkannt und haben weder durch friedliche Reformen noch durch gewaltsame Revolutionen versucht, es umzugestalten, sie haben ihm aber (im Gegensatz zum Brahmanismus) keinerlei religiöse Sanktion gegeben. Es ist dies ein Moment, das die Ausbreitung des Buddhismus in Ländern, in denen es kein Kastenwesen gab, wesentlich gefördert hat.

Das Hînayâna entwickelte einen Kultus der Buddhas, ihrer Bilder und Reliquien, doch vertritt die orthodoxe Theorie die Ansicht, daß die Verehrung der Welterleuchter, ihrer Statuen und Körperreste nur erzieherischen Wert für die geistige Vervollkommnung der Frommen hat, daß dadurch aber keine Einwirkung auf die im Nirvâna erloschenen Buddhas ausgeübt werden kann. Die Funktion der Nothelfer blieb den außerhalb des eigentlichen buddhistischen Systems stehenden vergänglichen Volksgöttern vorbehalten. Im Mahâyâna vollzog sich entsprechend der Umbildung des Buddhismus aus einer Weisheitslehre für Wenige zu einer devotionalen Glaubensbewegung für die Massen eine Anpassung an hinduistische Kultformen und Kultvorstellungen: nicht nur wurden die Volksgötter in das System einbezogen, sondern auch den Buddhas wurden direkte Gnadenerweise gegen die Frommen zugeschrieben. Hatte die ältere Zeit in den heiligen Handlungen Akte gesehen, die den, der sie vollzieht, lediglich geistig zu fördern vermögen, so wurde ihnen jetzt eine automatische Wirkungsfähigkeit einfach kraft ihres Vollzugs (ex opere operato) vindiziert. Ihren Höhepunkt erreicht diese Entwicklung im Vajrayâna mit seiner Lehre, daß das Aussprechen bestimmter Silben oder Wörter, das Ausführen bestimmter Gesten, Riten und Handlungen die Gewinnung selbst überirdischer Heilsgüter zu vermitteln vermögen.

In dem am Schluß dieses Werks wiedergegebenen Abhisheka-Ritus bildet dieser Glaube, daß durch sakrale Handlungen Kräfte entbunden werden, die im Sinne des mit ihnen Bezweckten wirksam sind, die selbstverständliche Voraussetzung. Zeigt uns diese Dichtung in dieser Hinsicht den Buddhismus in seiner letzten, ritualistischen Phase, so lassen die einzelnen Strophen, die teilweise älteren Vorbildern entlehnt sind*, doch gewissermaßen noch einmal die Etappen

---

* Nachweise gibt H. v. Glasenapp in „Orientalistische Literaturzeitung" 1936 p. 483 ff., 1938 p. 201 ff.

Einleitung

sichtbar werden, die der Buddhismus im Verlaufe der Entwicklung durchlaufen hat. Die auf die pluralistische Dharma-Theorie (17 f.) gegründete Heilslehre, welche Leidenschaftslosigkeit (24) und eine höhere Erkenntnis (5, 16) vermitteln soll und zum undefinierbaren Nirvâna führt (8), wurde auf dem Wege über das eine zweifache Wahrheit anerkennende (9) Mahâyâna (6), das die selbstlose Tätigkeit zum Wohle aller Lebewesen (18, 24) einschärft, zu einer geheimzuhaltenden Esoterik (10 f., 25), die durch Anwendung von Mantras (4), Mandalas (14, 26) und Riten von tiefsinniger Symbolik (13 ff.) die Buddhaschaft (39 ff.) gewinnen will, und unter Ablehnung der Askese (31) auch den Sinnesgenüssen (23, 29, 32) eine sakrale Weihe verleiht.

Erster Abschnitt

DAS KLEINE FAHRZEUG

I DER BUDDHA

1
BUDDHAS LEBENSZIEL

Die folgenden Strophen des Suttanipâta (422 ff.) soll Buddha zu König Bimbisâra gesprochen haben, als er auszog, die Erlösung zu suchen:

> Im Norden liegt mein Heimatland
> Am Abhang des Himâlaya,
> An Schätzen und an Helden reich,
> Im Stammgebiet von Kósala.

> Von dort zog ich als Pilger aus,
> Dem Sonnengotte anverwandt,
> Ein Sproß aus edlem Shâkyablut,
> Den Sinnendingen abgewandt.

> Die Leiden der Begierdenwelt
> Hab' ich erfaßt mit klarem Sinn,
> Die Ruhe, die Entsagung gibt,
> Erstreb' ich ringend als Gewinn.

2
DIE GRUNDZÜGE
DER LEBENSGESCHICHTE DES BUDDHA

An einer Reihe von Stellen des Pâli-Kanons spricht Buddha von seiner Jugend und von seinen Erlebnissen bis zu seiner Erleuchtung. Da diese Ausführungen sehr häufig übersetzt worden sind, genüge es hier, nur die Hauptsätze wiederzugeben.

Ich war verwöhnt, sehr verwöhnt. Ich salbte mich nur mit Benaressandel und kleidete mich nur in Benarestuch. Bei

Tag und Nacht wurde ein weißer Sonnenschirm über mich gehalten. Ich hatte einen Palast für den Winter, einen für den Sommer und einen für die Regenzeit. In den vier Monaten der Regenzeit verließ ich den Palast überhaupt nicht und war von weiblichen Musikanten umgeben. Obwohl ich so sehr verwöhnt war, kam mir der Gedanke: ›Wenngleich der gewöhnliche, weltlich-denkende Mensch selbst dem Alter, der Krankheit, dem Tode unterworfen ist, fühlt er doch Widerwillen, wenn er einen anderen gealtert, krank oder als Toten sieht. Auch ich bin so, und das ist meiner nicht würdig.‹ Als ich dies bedachte, schwand mir alle Freude an Jugend, Gesundheit und Leben. *(A 3, 38)*

Da dachte ich: ›Wie, wenn ich, der ich das Übel von Alter, Krankheit und Tod erkannt habe, nach dem suchen würde, was von ihnen frei ist, nach dem höchsten Frieden, nach dem Nirvâna?‹ Und ein Jüngling mit schwarzen Haaren schor ich mir Haar und Bart, obwohl meine Eltern darüber weinten, legte die gelben Gewänder des Asketen an und zog aus der Heimat in die Heimatlosigkeit. *(M 26 I p. 163)*

Auf der Suche nach dem höchsten Gut kam ich zu dem brahmanischen Meister Ârâda Kalâma und erlernte in kurzer Zeit seine Lehre. Aber ich fand keine Befriedigung in ihr. Ich wandte mich deshalb an einen anderen Meister, Rudraka Râmaputra, doch meinte ich, daß auch, was er verkündete, nicht zum Nirvâna führte. Auf der Suche nach dem Heil gelangte ich bei meinen Wanderungen im Reiche Magadha schließlich nach *Uruvelâ*. Da kam mir der Gedanke: ›Lieblich fürwahr ist dieser Erdenfleck, reizend das Walddickicht; ein Fluß fließt dort silberhell, mit schönen Ufern, und im Umkreis sind Dörfer, wo man Almosen erhalten kann. Das ist so recht geeignet für einen edlen Jüngling, der nach dem Höchsten ringt.‹ *(M 26 I p. 167)*

Durch schmerzvolle Selbstkasteiung erreichte ich nicht das höchste übermenschliche Wissen und Schauen. Da fragte ich

Der Buddha

mich, ob es einen anderen Weg zur Erleuchtung gäbe. Und ich erinnerte mich daran, daß ich einst bei meinem Vater im kühlen Schatten eines Rosenapfelbaums, losgelöst von Begierden und unheilvollen „Dingen" (dharma), die erste Versenkung erreichte. Da kam mir zum Bewußtsein: ›Dies ist der Weg zur Erleuchtung.‹

Und ich erkannte, daß es nicht möglich sei, das Glück der Versenkung mit einem so abgemagerten Leibe zu erreichen. Da nahm ich wieder reichlichere Nahrung zu mir. Damals waren fünf Asketen um mich, die dachten: ›Wenn der Asket Gautama die Wahrheit erkannt haben wird, dann wird er sie uns verkünden.‹ Als ich wieder reichlichere Nahrung aß, da verließen mich die fünf, indem sie meinten: ›Der Asket Gautama hat das geistige Ringen aufgegeben und sich der Schwelgerei zugewendet.‹ Und sie gingen von dannen.

Als ich nun wieder zu Kräften gekommen war, da verwirklichte ich die vier Versenkungen.

Als mein Denken gesammelt, geläutert, weich und leicht zu bearbeiten geworden war, richtete ich es auf die erinnernde *Erkenntnis meiner früheren Existenzen*. Ich erinnerte mich an eine, an zwei ... schließlich an hunderttausend meiner Vorgeburten, an viele Perioden der Weltzerstörung und Weltentfaltung, so daß ich wußte: Dort war ich, das war mein Name, meine Kaste, mein Beruf, dieses Glück und dieses Leid erfuhr ich, so war mein Lebensende, gestorben trat ich unter den und den Umständen wieder ins Dasein. Dieses war das *erste* Wissen, das ich in der ersten Nachtwache erreichte.

Und ich richtete dann das Denken auf die *Erkenntnis des Abscheidens und Wiederentstehens der Wesen*. Mit göttlichem Auge sah ich, wie die Wesen sterben und wieder geboren werden, hohe und niedere, schöne und häßliche, glückliche und unglückliche. Dieses war das *zweite* Wissen, das ich in der mittleren Nachtwache erreichte.

Und ich richtete dann das Denken auf die *Erkenntnis der*

Vernichtung der schlechten "Einflüsse" (d. h. der Grundübel: Sinnenlust, Werdelust und Nichtwissen). ›Dies ist das Leiden‹, ›dies ist die Aufhebung des Leidens‹, ›dies der zur Aufhebung des Leidens führende Pfad‹ erkannte ich der Wahrheit gemäß, und ›dies sind die Einflüsse‹, ›dies ist die Aufhebung der Einflüsse‹, ›dies ist der Weg zur Aufhebung der Einflüsse‹ erkannte ich der Wahrheit gemäß. Als ich so erkannte und schaute, wurde mein Denken erlöst von den Einflüssen der Sinnenlust, des Werdens und des Nichtwissens, und es entstand die Erkenntnis: »In dem Erlösten ist die Erlösung. Aufgehoben ist die Wiedergeburt, vollendet der heilige Wandel, getan ist, was zu tun war, nach diesem Leben gibt es kein anderes.« So erkannte ich. Dieses war das *dritte* Wissen, das ich in der letzten Nachtwache erreichte.
So war das Nichtwissen vernichtet, das Wissen entstanden, die Finsternis vernichtet, das Licht entstanden bei einem, der unbeirrt in heißem Eifer entschlossen verharrte. *(M 36 I p. 243 ff.)*

Ein anderer Text berichtet dann über die ersten Vorgänge nach der Erleuchtung. Die hohe Bedeutung, die dieser Darstellung von den Buddhisten zugeschrieben wird, findet darin ihren Ausdruck, daß der ganze Pâli-Kanon mit der folgenden Schilderung beginnt *(Vinaya I, 1)*.

Zu dieser Zeit weilte der Buddha, der Erhabene, in Uruvelâ am Ufer des Flusses Neranjarâ an der Wurzel des "Baums der Erleuchtung" (unter welchem er die erlösende Erkenntnis gefunden hatte). Und der Erhabene saß dort sieben Tage lang mit gekreuzten Beinen und genoß das Glück der Erlösung. Und er überdachte in der ersten Nachtwache das "Gesetz von dem Entstehen in Abhängigkeit" vorwärts und rückwärts. Nachdem er so sich vergegenwärtigt hatte, wie diese ganze Gruppe leidvoller Dharmas entsteht und wie sie vernichtet werden kann, da tat er den folgenden begeisterten Ausspruch:

> Der Weise, dem im Feuer der Versenkung
> Das Wesen aller Dharmas aufgegangen,
> Kennt das Gesetz der Ursachenbedingtheit,
> In keinem Zweifel ist er mehr befangen.
>
> Der Weise, dem im Feuer der Versenkung
> Das Wesen aller Dharmas aufgegangen,
> Weiß um die Aufhebung bedingten Werdens,
> In keinem Zweifel ist er mehr befangen.

Nachdem Buddha noch eine Zeitlang in Uruvelâ verweilt und das Glück der Erlösung genossen hatte, erwog er, ob er die gefundene Wahrheit für sich behalten oder der irrenden Menschheit verkünden sollte. Durch das Dazwischentreten des Gottes Brahmâ wird er schließlich dazu bestimmt, das ›Rad der Lehre in Bewegung zu setzen‹. Gern hätte er die beiden brahmanischen Meister, die er wieder verlassen hatte, von seiner großen Entdeckung in Kenntnis gesetzt, da beide aber inzwischen gestorben waren, entschloß er sich, den fünf Asketen, die seine Schüler werden wollten, aber wieder von ihm gegangen waren, das Heil zu predigen. Diese hielten sich, wie er mit überirdischem Hellblick erkannte, im Tierpark Sârnâth bei Benares auf. Er begab sich unverzüglich dorthin. Auf dem Wege zwischen dem Baum der Erleuchtung und der Stadt Gayâ traf er den Asketen Upaka, den Anhänger der von seinem Zeitgenossen Goshâla Maskariputra gegründeten Âjîvika-Sekte. Diese in M 26 I p. 170 f. berichtete Begegnung ist in zweierlei Hinsicht bemerkenswert. Erstens zeigt sie, daß Buddha genau so wie alle anderen Religionsstifter im Hochgefühl des Besitzes der Wahrheit, die er gefunden zu haben glaubte, von einem sehr hohen Selbstbewußtsein erfüllt war. Und zweitens stellt sie der Zuverlässigkeit der Überlieferung, die im Pâli-Kanon auf uns gekommen ist, ein sehr günstiges Zeugnis aus: welche heilige Schrift würde sonst zugeben, daß der erste Versuch eines Heiligen, den Anhänger einer anderen Schule für die Anerkennung seines Anspruchs zu gewinnen, ein vollkommener Fehlschlag war? Die Stelle lautet:

Als der Âjîvika Upaka den Erhabenen sah, sprach er zu ihm: »Heiter ist dein Aussehen, rein und klar deine Farbe. Warum hast du der Welt entsagt, wer ist dein Meister, an welche

Lehre glaubst du?« Als er so gesprochen, sagte der Erhabene zu ihm die folgenden Verse:

> »Allwissend bin ich, unbefleckt von Dharmas,
> Denn alles habe ich jetzt überwunden,
> Vom Durst befreit und losgelöst von allem,
> Hab' ich allein das höchste Heil gefunden.
> Kein Meister hat mich unterwiesen,
> Und niemand ist mir zu vergleichen,
> Mit mir kann sich kein andrer messen
> Auf Erden und in Götterreichen.
> Der Arhat bin ich in der Welt,
> Der einzige, der voll erwacht,
> Der, kühl geworden, weltentrückt,
> Die Wahnerlöschung hat vollbracht.
> Das Rad der Lehre zu bewegen,
> Zieh' ich der heil'gen Stadt entgegen,
> Zu rühren in der Welt voll Leid
> Die Trommel der Unsterblichkeit.«

»Du behauptest also, mein Freund, daß du der Arhat, der vollkommene Sieger bist?«

> »Ja, Sieger sind, die so wie ich
> Die bösen Dharmas abgetan
> Und alle Leidenschaft getilgt,
> Drum sieht man mich als Sieger an.«

Als er so gesprochen, sagte Upaka: »Das mag ja sein, Freund«, schüttelte den Kopf, schlug einen anderen Weg ein und ging von dannen.

Der Erhabene aber zog weiter von Ort zu Ort und kam nach Benares zum Gazellenhain Rishipatana, wo die fünf Asketen waren. Als diese ihn von weitem sahen, wollten sie ihn zunächst nicht ehrfurchtsvoll begrüßen, weil er ihrer Meinung nach das geistige Streben aufgegeben hatte. Je mehr er sich aber ihnen näherte, desto

Der Buddha

mehr wurden sie von der Hoheit seiner Erscheinung ergriffen. Sie gingen ihm entgegen und begrüßten ihn als ›Freund Gautama‹. Der Erhabene aber sagte zu ihnen: »Sprecht nicht den Tathâgata mit seinem Namen an und sagt nicht zu ihm ›Freund‹. Der Tathâgata ist ein Arhat, er ist der vollkommen Erwachte. Öffnet euer Ohr, das Todlose (Nirvâna) ist gefunden. Ich unterweise euch, ich verkünde euch die Heilslehre.« Es folgt dann die berühmte ›Predigt von Benares‹ *(Seite 84)*. Buddha bekräftigte dann noch einmal, daß er zur vollkommenen Erleuchtung erwacht sei, und schloß mit den Worten: »Unverlierbare Loslösung des Geistes ist mein. Dies ist mein letztes Dasein, es gibt für mich keine Wiedergeburt mehr.« Erfreut über diese Predigt ging den fünf Asketen die Erkenntnis der Wahrheit auf. Buddha erteilte ihnen erst die niedere, dann die höhere Weihe zur Aufnahme in seinen Mönchsorden, den er damit begründete. Nach der Weihe belehrte der Buddha die Mönche über die Nichtexistenz eines beharrenden Selbst *(siehe Seite 73)*. Beglückt freuten sich die Mönche an der Rede des Erhabenen. Ihr Denken wurde frei von allen Grundübeln. So gab es in dieser Zeit sechs Arhats in der Welt.

Während der übrigen fast 45 Jahre seines weiteren Lebens durchzog der Buddha lehrend und diskutierend als Bettelmönch die weiten Gebiete des nordöstlichen Indien, um seine Lehre zu verbreiten. Diese anstrengenden Fußwanderungen fanden nur eine Unterbrechung, wenn die drei Monate der Regenzeit ein Reisen unmöglich machten oder wenn er für längere Zeit an einem Ort blieb, um dort zu wirken. Sein tägliches Leben wird uns in den Texten wie folgt geschildert:

Sein Tag begann mit frühem Aufstehen und einsamer Meditation, dann folgte der Bettelgang, die Mahlzeit, am Nachmittag eine Siesta, bei der er ›wie ein Löwe auf der rechten Seite liegend‹ der Ruhe pflegte, die ganze übrige Zeit wurde teils mit Lehrtätigkeit, teils mit stiller Selbstbesinnung hingebracht, bis er sich schließlich erst spät nachts der wohlverdienten Ruhe hingab.

Als Buddha 80 Jahre alt geworden war, neigte sich sein Leben dem Ende zu. In Beluva bei Vaishâlî befiel ihn eine Krankheit, deren er noch einmal Herr wurde. Dann wanderte er nach Vaishâlî, nahm Abschied von dieser so oft von ihm besuchten Stadt und ging weiter nach Pâvâ. Hier zog er sich nach einem Mahl, das ihm der Schmied Cunda bereitet hatte – nach einer Überlieferung bestand es aus Eberfleisch, nach einer anderen aus einem Pilzgericht –, blutige Ruhr zu. Er ertrug dies mit besonnenem Geiste und wanderte, von

seinem Lieblingsjünger Ânanda begleitet, weiter nach Kushinagara. Dort sprach er noch einmal zu den Mönchen und ermahnte sie: »Wohlan, ihr Mönche, ich spreche zu euch: Die bedingten Daseinskräfte sind dem Vergehen unterworfen. Ohne Unterlaß müßt ihr kämpfen.« *(D 16, 6, 7)*
Dies waren seine letzten Worte. Dann durchmaß er die Stufen der Versenkung und ging in das vollendete Nirvâna ein.

3

DIE LEGENDENHAFTE AUSGESTALTUNG
DER BUDDHABIOGRAPHIE

Die Vorgeschichte

Die buddhistischen Lebensbeschreibungen Buddhas beschäftigen sich eingehend mit den früheren Existenzen des Vollendeten, in welchen er die karmischen Grundlagen für seinen allmählichen Aufstieg zur Buddhaschaft legte. Da ein Anfang des Sansâra, des Umherwanderns in immer neuen Existenzen, nicht feststellbar ist, hat die Kette der von einem Wesen durchlaufenen Daseinsformen keinen Anfang. Die Hagiographie beschränkt sich deshalb darauf, die Geschichte der früheren Geburten Buddhas nur bis zu dem Punkte zurückzuführen, wo der künftige Buddha (›Bodhisattva‹, d. h. das für die Erleuchtung bestimmte Wesen) zu den Füßen des Buddha Dîpankara den Vorsatz faßte, selbst ein Buddha zu werden. Dies soll vor über vier Asankhyeyas, d. h. ›unberechenbaren Weltaltern‹ geschehen sein. Die Dauer eines solchen Asankhyeya ist unvorstellbar, sie wird verdeutlicht durch folgendes Gleichnis: Wenn ein großer eiserner Berg alle hundert Jahre von einem Musselinschleier berührt würde, so würde dieser Berg abgetragen werden, noch bevor ein Asankhyeya sein Ende erreicht hätte. *(Sa 15, 5)*
In dem ›Jâtaka‹-Buch des Pâli-Kanons werden über 500 derartige Vorgeburtslegenden erzählt, in denen die Taten des Bodhisattva als Fisch, Frosch, Taube, Wachtel, Papagei, Schwan, Rebhuhn, Pfau, Affe, Gazelle, Löwe, Schakal, Schwein, Hase, Schlange, Candâla, Dieb, Schiffer, Handwerker, Barbier, Kaufmann, Königssohn, Minister, Priester und Asket, als Baumgottheit, Indra, Brahmâ usw. berichtet werden. Das ganze umfangreiche Werk beginnt mit drei einleitenden Abschnitten. Der erste Abschnitt behandelt dies all-

Der Buddha 35

mähliche Heranreifen des Bodhisattva von seiner Existenz als Sumedha bis zu seiner Existenz als Vishvantara (Pâli: Vessantara) (die im 547. Jâtaka erzählt wird) und seine schließliche Wiedergeburt als eine Gottheit des Tushita-Himmels, der zweite gibt eine legendenreiche Darstellung des Lebens Gautamas von seiner Geburt bis zur Erlangung der Erleuchtung, der dritte berichtet dann Einzelheiten über das Wirken des Vollendeten.
Im folgenden wird in gedrängter Form einiges aus diesen Abschnitten des Jâtaka-Buches wiedergegeben.

Vor vier Asankhyeyas und hunderttausend Weltaltern gab es eine Stadt Amaravatî. Dort lebte ein Brahmane Sumedha, von väterlicher und mütterlicher Seite von edler Abstammung, schön und liebenswürdig. Dieser widmete sich nur dem Brahmanenwissen. Als er nach dem Tode seiner Eltern in den Besitz eines großen Vermögens gekommen war, verschenkte er seine Schätze, entsagte der Welt und wurde ein Einsiedler im Himâlaya. Hier erlangte er die höheren Erkenntnisse und ihre Wunderkräfte. Als er einst über die Stadt Rammaka flog, sah er, wie die Bewohner die Straßen schmückten, um den Buddha Dîpankara gebührend zu empfangen. Da dachte er: ›Der Erhabene soll nicht im Schmutz (der Straße) schreiten.‹ Er löste deshalb seine Haare auf, breitete sein Gewand aus und legte sich wie eine Brücke auf die Erde. Und es erwachte in ihm der Wunsch, selbst dereinst ein Buddha zu werden und erst in das Nirvâna einzugehen, nachdem er viele Wesen aus dem Ozean der Existenzen gerettet. Als nun Dîpankara herbeikam, trat er auf das Haupt des Asketen Sumedha und sah ihn im Schmutze daliegen. Er erkannte: ›Dieser Asket strebt nach der Buddhaschaft.‹ Und indem er seinen Geist auf die Zukunft richtete, verkündete er: »In vier Asankhyeyas und hundert Weltaltern wird er ein Buddha mit Namen Gautama werden.« Als Sumedha diese Verheißung vernahm, war er voller Freude, und die Leute, die das Wort des Dîpankara gehört hatten, sagten: »Der Asket Sumedha ist fürwahr der Same und Keim eines (zukünftigen) Buddha.« Und Dîpankara pries Sumedha als einen Bodhisattva, verehrte ihn durch Darbringung von acht Händen voll Blumen und umwandelte ihn von rechts nach links (als Zeichen seiner Ehrerbietung). Auch die vierhunderttausend Begleiter Dîpankaras sowie die Götter und Menschen huldigten dem Sumedha. Dieser aber flog nach dem Himâlaya zurück und widmete sich der Ausbildung der zehn Vollkommenheiten (Kardinaltugenden): Spenden, sittliche Zucht, Entsagung, Erkenntnis, Energie, Geduld, Wahrhaftigkeit, Standhaftigkeit, Liebe zu allen Wesen und Gleichmut.

In den folgenden riesigen Weltperioden wurde Sumedha in den verschiedensten Gestalten wiedergeboren, kam mit den 23 Buddhas, welche auf Dîpankara folgten, in Berührung und erhielt von ihnen immer wieder die Bestätigung, daß er selbst einst zur vollkommenen Erleuchtung gelangen und ungezählte Wesen zum Heil führen werde. Die Wiederverkörperungen, die er durchlief, umfaßten die verschiedensten Wesensformen, jedoch nicht diejenigen, welche für einen Bodhisattva nicht in Betracht kommen, denn ein solcher erscheint weder als ein Höllenwesen noch als ein Preta (hungriges Gespenst) oder ein kleines Tier (Insekt usw.), und wenn er unter Menschen geboren wird, nicht als Weib, Hermaphrodit, Eunuch, Blinder, Tauber oder Taubstummer. Er ist ferner stets von den Todsünden und von Irrglauben frei und kommt auch nicht in den höchsten Götterwelten zum Dasein, in denen Wesen wohnen, welche keine aktive Tätigkeit im Weltprozeß ausüben.

Nachdem der Bodhisattva so zahllose Male als Tier, Mensch und Gott gelebt hatte, erreichte er schließlich als Vishvantara seine letzte irdische Existenz, bevor er zu Gautama wurde. Vishvantara war ein Königssohn, der das Gelübde getan hatte, niemandem eine Bitte abzuschlagen. Er verlor dadurch alles und mußte in die Verbannung gehen. Als ihn dann ein häßlicher Brahmane um seine Kinder als Sklaven bat, händigte er sie ihm aus, und schließlich gab er noch dem als Brahmanen erscheinenden Indra seine Gattin. Diese unerhörte Freigebigkeit brachte selbst die sonst gegen alles unempfindliche Erde zu heftigem Erzittern. Indra gab sich darauf zu erkennen, nachdem der Prinz so alle Prüfungen bestanden hatte. Vishvantara erhielt seine Gattin und seine Kinder wieder und kehrte in die Heimat zurück. Lange herrschte er, weithin wegen seiner einzig dastehenden Freigebigkeit berühmt, über sein Land. Als er starb, wurde er unter den Tushita-Göttern wiedergeboren.

Als nun die Zeit herankam, zu der ein neuer Buddha erscheinen sollte, da versammelten sich die Götter der zehntausend Weltsysteme, gingen gemeinsam zum Bodhisattva und sprachen zu ihm: »Verehrungswürdiger! Als Ihr die zehn Vollkommenheiten betätigtet, da betätigtet Ihr sie nicht, um die Stellung eines Indra, Mâra, Brahmâ oder Weltbeherrschers zu gewinnen, sondern im Streben nach der Allwissenheit (eines Búddha), um die Welt zu überwinden. Jetzt ist die Zeit für die Buddhaschaft gekommen.« Da überblickte der Bodhisattva die Welt in fünffacher Hinsicht, um die geeignete Zeit, den geeigneten Erdteil, das geeignete Land, die geeignete Familie und die geeignete Mutter für seine letzte Wiederverkörperung zu finden. Er wählte die Weltzeitperiode, während welcher das Leben des Menschen bis zu hundert Jahren dauert. Denn in den Weltperioden, in denen die Menschen hunderttausende von Jahren leben, ist das Verkünden der Lehre von Geburt, Alter und Tod wenig aussichtsvoll, da niemand infolge mangelnder Erfahrung dann Verständnis für sie hat; in den Weltperioden, in denen die Menschen nur wenige Jahre leben, hinwiederum sind sie den Lüsten ergeben und ihre Belehrung vergeht so rasch wie ein Strich im Wasser. Der Bodhisattva wählte den Rosenapfelbaum-Kontinent (Jambûdvîpa, d. h. unsere meerumgürtete Erde) und in diesem das Mittelland (Nordindien), weil dort alle Buddhas aufzutreten pflegen. Er wählte die Kriegerkaste, weil sie damals unter allen am meisten geehrt wurde, und er wählte Mâyâ zu seiner Mutter, weil sie während ihrer früheren Existenzen hunderttausend Weltalter hindurch alle sittlichen Vollkommenheiten betätigt und seit ihrer Geburt alle fünf Gebote erfüllt hatte, ihr zudem auch nur noch zehn Monate und sieben Tage zu leben vergönnt war (denn die Mutter eines Bodhisattva stirbt am siebenten Tage, nachdem sie ihn geboren). Dann verabschiedete er sich von den Gottheiten des Tushitahimmels, um seinen letzten Weltengang anzutreten.

Die Geburtslegende

(Nach dem ›Lehrtext von den Wundern‹, M 123 III p. 123)

Als der Bodhisattva die Gemeinschaft der Tushita-Götter verließ und in den Schoß seiner Mutter einging, da wurde in der Welt mit ihren Göttern, Teufeln und Brahmâs, mit ihrer Schar von Asketen und Brahmanen, Göttern und Menschen ein unermeßlich erhabener Glanz sichtbar, der selbst den Machtglanz der Götter übertraf. Sogar in den zwischen den Welten liegenden dunklen Finsternissen, in welche Sonne und Mond nicht hineinleuchten können, wurde dieser unermeßliche Lichtschein sichtbar. Und die dort zum Dasein gekommenen Wesen (die in so vollkommener Dunkelheit leben, daß sie ihren eigenen ausgestreckten Arm nicht zu sehen vermögen) nahmen einander deutlich wahr (und sagten erstaunt): »Wahrhaftig, es gibt hier noch andere Wesen, die hier ins Dasein gekommen sind.« Und dieses zehntausendfache Weltsystem bebte, erbebte und erzitterte und ein unermeßlicher, erhabener Glanz wurde in der Welt sichtbar, der den Machtglanz der Götter noch übertraf.

Als der Bodhisattva in den Schoß der Mutter eingegangen war, kamen vier Göttersöhne, um ihn in allen vier Himmelsrichtungen zu schützen, damit kein menschliches oder nichtmenschliches Wesen oder irgendwer sonst ihm ein Leid zufüge. Und die Mutter des Bodhisattva hielt von Natur die Gebote: sie hielt sich fern von der Tötung anderer Wesen, von Diebstahl, von unsittlichem Wandel, von lügnerischer Rede und von dem Genuß geistiger Getränke, welcher die Veranlassung zu Vergehen ist. Sie hegte keinen lustbedingten Gedanken an Männer und war nur angenehmer Sinneseindrücke fähig. Stets gesund und ohne Müdigkeit des Körpers, sah die Mutter den in ihrem Schoß quer liegenden Bodhisattva, an dem alle Glieder und Organe voll entwickelt waren, wie den in einem glänzenden achteckigen Edelstein eingezogenen dunkelblauen, gelben, roten, weißen oder mattfarbigen Faden.

Während andere Frauen die Leibesfrucht neun Monate im Schoße tragen und dann gebären, gebar die Mutter den Bodhisattva nach zehn Monaten, und während andere Frauen die Kinder sitzend oder liegend zur Welt bringen, brachte sie den Bodhisattva zur Welt, während sie aufrecht stand.

Als der Bodhisattva aus dem Schoße der Mutter hervorging, berührte er nicht den Erdboden: vier Göttersöhne fingen ihn auf und stellten ihn vor die Mutter, indem sie sagten: »Freue dich, Königin, ein kräftiger Sohn ist dir geboren!«

Wie ein Juwel, auf ein Gewand aus feinem Benarestuch gelegt, weder das Gewand beschmutzt noch durch dieses beschmutzt wird, weil beide rein sind, so kam der Bodhisattva in völliger Reinheit aus dem Mutterschoß hervor, nicht besudelt durch Wasser, Schleim, Blut oder durch irgend etwas Unreines. Als der Bodhisattva aus dem Schoß der Mutter heraustrat, erschienen zwei Wolken in der Luft mit warmem und kaltem Wasser, um am Bodhisattva und an der Mutter die Abwaschung vorzunehmen.

Sobald der Bodhisattva geboren worden war, stellte er sich mit beiden Füßen fest hin, und er machte, nach Norden gewendet, sieben große Schritte. Während ein weißer Sonnenschirm über ihn gehalten wurde, blickte er sich nach allen Himmelsrichtungen um und sprach mit stiergleicher Stimme: »Ich bin der Erste in der Welt, ich bin der Beste in der Welt, für mich gibt es keine Wiedergeburt mehr.«

In der chronologischen Reihenfolge der Muster-Lebensbeschreibung würden jetzt die häufig übersetzten Geschichten vom Leben des Prinzen Siddhârtha im Prunk des Palastes und von seiner Weltentsagung folgen, die durch die unten (S. 52) auch vom Buddha Vipashyin erzählten vier Ausfahrten des Prinzen veranlaßt wird. Als der Bodhisattva dann nach Jahren des Forschens und Suchens schließlich vor der Heilsgewinnung stand, läßt ihn die folgende alte Dichtung noch eine Anfechtung erleben.

Die Versuchung vor der Erleuchtung

Nach der Überlieferung soll Buddha selbst dieses Erlebnis *(Snip 425 ff.)* den Mönchen erzählt haben, weshalb im Original die beiden ersten Strophen in der Ich-Form abgefaßt sind, in der Folge verfällt der Bericht dann aber in die dritte Person.

> Am Ufer der Neranjarâ
> Saß der Erhabne hochgemut,
> In sich vertieft mit ernstem Geist,
> Im Ringen nach dem höchsten Gut.
>
> Da trat der Böse zu ihm hin
> Und flüstert lauernd ihm ins Ohr:
> »So mager bist du und so bleich,
> Bald steht das Ende dir bevor.
>
> In dir west tausendfach der Tod,
> Und wenig Leben ist in dir –
> Nur wenn du lebst, kannst gutes Werk
> Auf Erden du vollbringen hier.
>
> Verdienste häufst du reichlich auf,
> Wenn Opferwerke du vollbringst
> Und nicht, von allem abgekehrt,
> Allein nach der Vollendung ringst.
>
> Unmöglich kannst du gehn den Weg,
> Dem du dich kämpfend zugewandt.«

Mit solcher Rede heuchlerisch
Vor Buddha* der Versucher stand.

Doch zu dem Bösen sprach der Herr:
»Du leichtsinniger Gesell, wie keck
Zu mir du solche Rede führst,
Denn du verfolgst ganz andern Zweck.

Nein, mir bringt Nutzen keinerlei
Vollbrachter Opferwerke Frucht;
Nur den, der daran Freude hat,
Ein Mâra zu berücken sucht.

Ich habe Glauben, Heldenkraft
Und Wissen, das zur Tiefe dringt;
Was frage nach dem Leben ich,
Da längst ein höhres Ziel mir winkt!

Selbst dieses Wasser hier im Strom
Vertrocknet durch des Windes Macht,
Es trocknet auch das Blut in mir,
Seit zur Erkenntnis ich erwacht.

Zur Ruhe kam in mir mein Geist,
Ich fürchte nicht des Todes Schmerz;
Den Erdenfreuden abgewandt,
Still ist und lauter jetzt mein Herz.

Die Wünsche sind dein erstes Heer,
Das zweite Unzufriedenheit,
Das dritte Hunger ist und Durst,
Das vierte die Begehrlichkeit.

Das fünfte träger Stumpfsinn ist,
Das sechste Furcht, die alles lähmt,
Das siebente der Zweifel heißt,
Das achte Stolz, der sich nicht schämt.

---

* So steht im Text, obwohl Gautama damals noch kein Buddha, sondern nur ein Anwärter auf die Erleuchtung war.

Das ist, du Schwarzer, deine Schar,
Das Heer, dem alle Welt erliegt,
Das nur ein Mann voll Zucht und Mut
Im heldenhaften Kampf besiegt.

Dies ist dein Heer, das kaum ein Mensch
Und selbst ein Gott nicht überwand:
Zerbrochen ist's wie ein Gefäß,
Seit ich dein Wesen klar erkannt.

Mein Wünschen ist mir untertan,
Fest steht mein Denken fort und fort,
Durch viele Länder zieh ich dann,
Den Menschen bringe ich mein Wort.

Nicht wankend mehr, ganz zielbewußt
Befolgen sie dann mein Gebot
Und werden, wenn du's auch nicht willst,
Für immer frei von Leid und Not.«

(Mâra spricht:)

»Durch sieben Jahre folgte ich
Auf Schritt und Tritt dem Bhagavat,
Ihm beizukommen nie sich mir
Die Möglichkeit geboten hat.

Wie eine Krähe einen Stein,
Den sie für eine Speise hielt,
So geb ich den Erhabnen auf –
Ich seh, ich habe hier verspielt.«

Als solches der Versucher sprach,
Entglitt die Laute seiner Hand,
Und tiefbekümmerten Gemüts
Er von demselbgen Ort verschwand.

Der Buddha

Die fünf Traumbilder vor der Erleuchtung

Dem Vollendeten zeigten sich vor seiner Erleuchtung fünf Traumbilder. 1. Diese große Erde war sein Bett, der Himâlaya sein Kissen, seine linke Hand lag auf dem östlichen, die rechte auf dem westlichen Ozean, die beiden Füße waren auf dem südlichen Ozean ausgestreckt. 2. Eine Art von Gras, Tiriyâ geheißen, stieg aus seinem Nabel zum Himmel empor. 3. Weiße Würmer mit schwarzen Köpfen krochen auf seinen Beinen und bedeckten sie bis zur Kniescheibe. 4. Vier Vögel von verschiedener Farbe kamen aus den vier Himmelsrichtungen, und als sie sich an der Wurzel seiner Füße niedergelassen hatten, wurden sie weiß. 5. Er stieg einen großen Berg von Unrat hinauf, wurde aber vom Schmutz nicht berührt.

Das erste Traumbild bedeutete, daß er die höchste, vollkommene Erleuchtung erlangen würde, das zweite, daß er den edlen, achtfachen Pfad erkennen und den Göttern und Menschen darlegen werde, das dritte, daß viele, im weltlichen Leben stehende, weißgekleidete Hausleute zu ihm ihre Zuflucht nehmen würden, das vierte, daß Angehörige der vier Kasten: Brahmanen, Adlige, Vaishyas und Shûdras in seiner Lehre und Zucht aus der Heimat in die Heimatlosigkeit ziehen und die höchste Erlösung verwirklichen würden, das fünfte, daß der Vollendete mit Gewändern, Almosenspeise, Wohnung und Arzneimitteln versehen, diese Dinge verwenden werde, ohne an ihnen zu hängen, das Elend schauend und das Herauskommen (aus der Welt) erkennend. *(A 5, 196)*

Die Bekehrung der Jatilas

In Uruvelâ wohnten tausend brahmanische Asketen (Jatilas), mit verfilzten Haaren, unter der Führung von drei Brüdern Kashyapa. Diese pflegten in einer Waldhütte die Feueropfer darzubringen. Der Erhabene fragte sie, ob er in dem Opferraum die Nacht zubringen dürfe. Dies wurde ihm gewährt, er wurde aber darauf aufmerksam gemacht, daß im Feuerhause ein schrecklicher Schlangenkönig wohne. Und der Erhabene ging in das Feuerhaus hinein und setzte sich auf einem Graslager nieder. Der Schlangenkönig aber stieß eine Rauchwolke aus. Der Erhabene aber dachte: ›Ohne die Schlange zu verletzen, will ich mit Feuer ihr Feuer überwinden.‹ Er ging in das Feuerelement ein und ließ Flammen aus sich hervorgehen. Nachdem er die Schlange so überwunden hatte, legte er sie in seine Almosenschale und zeigte sie den Asketen. Auf die Aufforderung der Jatilas blieb Buddha den Winter über in ihrer Einsiedelei und erstaunte sie durch Wundertaten. Des Nachts kamen Götter zu ihm, um seine Lehre zu hören, und verbreiteten ihren Glanz im ganzen Walde. Er holte sich Speise im Uttarakuru-Kontinent, vom Rosenapfelbaum (Jambû), nach welchem der Jambû-Kontinent benannt ist, vom Korallenbaum im Himmel der 33 Götter, er wusch seine Wäsche in einem von Indra mit eigener Hand für ihn gegrabenen Lotusteich und trocknete sie auf einem von den Göttern für ihn zu diesem Zweck bereitgestellten Felsblock, wobei er sich am Zweige eines Baumes festhielt, den die Baumgottheit für ihn eigens herabbog. Er bewirkte, daß die 500 Hölzer, mit denen die Asketen ein Feueropfer darbringen wollten, nicht zu spalten waren, und dann wieder, daß sie doch gespalten werden konnten, daß die Asketen ihre 500 Feuer nicht anzünden konnten und dann wieder, daß sie doch brannten, daß die Feuer erst nicht erloschen und dann schließlich doch erloschen. Er schuf 500 Feueröfen, an denen sich die Asketen, wenn sie nach ihrem rituellen Bad aus dem eiskalten Wasser herauskamen, wärmen konnten. Als infolge eines Wolkenbruchs eine große Überschwemmung entstanden war, ließ er das Wasser nach allen Seiten zurücktreten und wandelte in seiner Mitte auf dem sandbedeckten Boden. Dann bestieg er ein Schiff, mit dem ihn die Asketen aus der Flut abholten. Durch diese Wunder bekehrt, warfen die Asketen ihre Haarflechten und Feueropfergeräte in den Fluß und empfingen die Weihe als Mönche des Erhabenen. Er aber hielt ihnen die berühmte Feuerpredigt, in welcher er (das Feuer, das sie früher verehrt hatten, sinnbildlich deutend) sagte:

»Alles brennt. Und was alles brennt? Das Auge, die Seh-Objekte, das Seh-Bewußtsein, die Berührung des Auges mit

Der Buddha

den Objekten und die angenehme, unangenehme oder indifferente Empfindung, die durch diese Berührung des Auges entsteht. Und wodurch brennt das? Durch das Feuer der Gier, durch das Feuer des Hasses, durch das Feuer des Wahns brennt es. Durch Geburt, Altern, Sterben, Kummer, Wehklagen, Schmerz, Gram und Verzweiflung brennt es. (Dasselbe wird von den übrigen Sinnesorganen und dem Denken ausgesagt.) Wenn ein gut unterrichteter edler Jünger dies sieht, dann wird er alles dessen überdrüssig. Indem er überdrüssig wird, wird er leidenschaftslos, durch Leidenschaftslosigkeit wird er erlöst.« *(Sa 35, 28)*

Buddhas Wunderkräfte

a) Die sechs Kräfte eines Vollendeten

Es gibt sechs Kräfte, mit denen ein Vollendeter die Stelle eines Stiers (d. h. den höchsten Platz) einnimmt, in den Versammlungen den Löwenruf ertönen läßt und das Brahma-Rad (der Lehre) in Bewegung setzt:

1. er erkennt das Mögliche als möglich und das Unmögliche als unmöglich den Tatsachen entsprechend,

2. er erkennt die Folgen der vergangenen und zukünftigen Taten der Ursache gemäß,

3. er erkennt die Trübungen, die Läuterung und das Aufsteigen bei den geistigen Übungen,

4. er erinnert sich vieler früherer Wiedergeburten,

5. er erkennt mit seinem göttlichen Auge, wie die Wesen sterben und wiedergeboren werden, hohe und niedere, schöne und häßliche, entsprechend ihren Werken,

6. nachdem in ihm die Grundübel geschwunden sind, hat er die leidenschaftslose Erlösung erkannt und verwirklicht. *(A 6, 64)*

b) Die sechs übernatürlichen Fähigkeiten (abhijnâ)

1. Ein Vollendeter übt die übernatürlichen Kräfte der Heiligkeit (riddhi) aus, so wie ein Töpfer, ein Elfenbeinschnitzer oder ein Goldschmied nach Wunsch den verschiedenen Dingen die von ihnen gewünschte Gestalt geben.

2. Mit seinem göttlichen Ohre nimmt er göttliche und menschliche Töne fern und nah wahr, so wie jemand, der auf einer Straße steht, den Schall einer Pauke, einer Trommel, eines Muschelhorns hört und unterscheidet.

3. Mit seinem Geist durchschaut er die Herzen anderer Wesen, erkennt sie als leidenschaftserfüllt oder als leidenschaftsfrei, so wie jemand, der in einen Spiegel blickt, sieht, wo ein Fleck ist oder nicht.

4. Er erinnert sich seiner früheren Existenzen. »Damals führte ich den und den Namen, gehörte der und der Kaste an, erfuhr dieses und jenes Glück oder Leid, wurde so und so alt, und als ich starb, erschien ich wieder in der und der Existenz.« Es ist dies so, wie wenn jemand aus seinem Heimatdorfe in die andern Dörfer geht und nach der Rückkehr sich an seine Erlebnisse in den verschiedenen Orten erinnert.

5. Mit dem göttlichen Auge erkennt er, wie die andern Wesen sterben und wiedergeboren werden, so wie einer, der auf einem Söller steht und sieht, wie die Menschen sich auf der Straße bewegen, in ein Haus hineingehen und wieder aus diesem herauskommen.

6. Nach der Vernichtung der Grundübel verwirklicht er an sich die Erlösung des Herzens, die Erlösung durch das Wissen, indem er die edlen Wahrheiten vom Leiden und seiner Überwindung erfaßt. Es ist so, wie wenn einer an einem See mit klarem Wasser steht und in ihm mit voller Klarheit die Steine, Muscheln und Fische erkennt. *(D 34, 1, 7, X und 2, 87-98)*

Der Buddha

c) Das Herausziehen des übersinnlichen Körpers

Ein Mönch, dessen Denken gesammelt ist, läßt aus diesem Körper einen anderen Körper herausgehen, einen gestalthaften, aber aus Geist bestehenden, der versehen ist mit allen Haupt- und Nebengliedern und Vermögen. Es ist dies so, wie wenn einer einen Munja-Halm aus seinem Rohr oder ein Schwert aus seiner Scheide oder eine Schlange aus ihrer Haut herauszieht und feststellt: Halm und Rohr, Schwert und Scheide, Schlange und Haut sind zweierlei, aber das zweite ist aus dem ersteren hervorgegangen. *(D 2, 85 f.)*

d) Die drei Arten von Wundern

Buddha sagt: »Drei Arten von Wundern gibt es: Wunder durch magische Kraft, Wunder des Gedankenlesens, Wunder der Belehrung.

1. Wer magische Kräfte besitzt, vollbringt folgendes: obwohl er nur einer ist, wandelt er sich zu einer Vielheit (von Personen) und aus vielen wird er wieder einer, er erscheint und verschwindet, ungehindert geht er durch Mauern, Wälle, Berge hindurch, als wären sie leere Luft, in der Erde taucht er unter und wieder auf, als wäre sie Wasser, auf dem Wasser geht er, als wäre es der Erdboden, er schwebt mit untergeschlagenen Beinen sitzend im Raum wie ein beschwingter Vogel; jene beiden gewaltigen (Gestirne) Mond und Sonne berührt er mit der Hand und streichelt sie, und sogar bis zur Brahmâ-Welt steigt er mit seinem Leibe empor.

2. Das Wunder des Gedankenlesens besteht in folgendem: Ein Mönch tut anderer Lebewesen, anderer Personen Denken und Erwägen kund, indem er sagt: ›Solcherart ist dein Herz, solcherart ist dein Gedanke.‹

3. Das Wunder der Belehrung aber ist dieses: Ein Mönch belehrt andere in folgender Weise: ›So sollt ihr erwägen, so sollt ihr nicht erwägen, so sollt ihr denken, so sollt ihr nicht

denken, dies gebt auf und dies macht euch zu eigen und haltet
es fest.‹
Ich selbst vollbringe diese drei Wunder. Aber es gibt noch
Hunderte von Mönchen, die diese drei Wunder vollbringen.«
(A 3, 60, 4)

Die Merkmale eines Vollendeten

Der hundertzwanzig Jahre alte, weise Brahmane Brahmâyu
sandte seinen Schüler Uttara zum Buddha, um in Erfahrung
zu bringen, ob er wirklich ein Vollendeter sei. Er sagte zu
dem Schüler:
»In unseren heiligen Überlieferungen werden 32 Merkmale
genannt; einem großen Mann, der mit ihnen versehen ist,
stehen zwei Wege offen, kein dritter. Wenn er im Hause
bleibt, wird er ein Weltbeherrscher werden, ein gerechter und
tugendhafter König, der die Erde in allen vier Himmelsrichtungen
erobert, dem Lande den Frieden gibt und mit folgenden
sieben Kostbarkeiten begabt ist: dem besten Rad (Diskus),
dem besten Elefanten, dem besten Roß, dem besten
Edelstein, der besten Gattin, dem besten Schatzmeister und
dem besten Feldmarschall. Und er wird tausend Söhne haben,
wahre Helden, welche die feindlichen Heere vernichten.
Er wird diese Erde bis zum Ozean hin ohne Gewalt und ohne
Schwert erobern und beherrschen. Wenn er aber aus dem
Hause in die Heimatlosigkeit zieht, wird er ein Heiliger werden,
ein vollkommen Erleuchteter, der den Schleier von der
Welt hebt.
Gehe zum Asketen Gautama und stelle fest, ob er wirklich so
ist, wie die Leute meinen, wenn sie sagen:
›Dieser ist der Heilige, der vollkommen Erleuchtete, der mit
Wissen und gutem Wandel Begabte, der Pfadvollender, der
Welterkenner, der unübertroffene Lenker der zu bändigenden
Menschheit, der Lehrer der Götter und Menschen, der erha-

Der Buddha

bene Buddha. Er zeigt die Welt samt ihren Göttern, Mâras und Brahmâs, die Schar der Asketen und Brahmanen samt den Göttern und Menschen, nachdem er das alles erkannt und durchschaut hat. Er verkündet die Lehre, deren Anfang heilvoll ist, deren Mitte heilvoll ist, deren Ende heilvoll ist, sinn- und wortgetreu und legt den vollständigen, reinen, heiligen Wandel dar. Einen Heiligen dieser Art zu sehen ist schön.«"
Der junge Brahmane ging daraufhin zum Erhabenen, folgte ihm sieben Monate lang wie ein Schatten und beobachtete ihn in seinem ganzen Verhalten. Als er zu seinem Lehrer zurückgekehrt war, sprach er zu ihm:
»Versehen ist der erhabene Gautama mit den 32 Merkmalen eines großen Mannes.
1. seine Füße sind fest (im Auftreten), 2. auf den Fußsohlen sind tausendspeichige Räder zu sehen, 3. seine Ferse ist lang, 4. groß sind seine Finger und Zehen, 5. zart und weich sind seine Hände und Füße, 6. seine Hände und Füße sind mit einem Netz versehen, 7. seine Knöchel stehen mitten in der Länge seines Fußes, 8. seine Beine sind wie die einer Antilope, 9. stehend kann er, ohne sich zu beugen, mit beiden Händen die Knie berühren, 10. seine Schamteile sind in einer Hülle (oder Körperhöhlung) verborgen, 11. er ist von goldener Farbe, 12. seine Haut ist so geschmeidig, daß kein Staub am Körper haften bleibt, 13. jedes Haar an ihm wächst einzeln aus einer Pore heraus, 14. jedes Haar ist nach oben gerichtet, ist schwarz wie Augensalbe und nach rechts geringelt, 15. seine Glieder sind von göttlicher Gradheit, 16. der Vorderteil seines Körpers gleicht dem eines Löwen, 17. der Platz zwischen seinen Schultern ist voll ausgefüllt, 18. er hat die Symmetrie eines Feigenbaumes, 19. seine Länge entspricht seiner Armweite, 20. seine Schultern sind ebenmäßig, 21. sein Geschmack ist vollendet, 22. er hat die Kinnbacken eines Löwen, 23. er hat vierzig Zähne, 24. alle seine Zähne haben dieselbe Länge, 25. zwischen den Zähnen sind keine Lücken, 26. seine

Zähne sind weiß, 27. seine Zunge ist lang, 28. seine göttliche Stimme ist klar wie die eines Waldvogels (Kuckucks), 29. seine Augen sind dunkel, 30. seine Wimpern sind wie die einer Kuh, 31. zwischen seinen Augenbrauen ist ein Haarwirbel, weiß und weich wie Baumwolle, 32. auf dem Haupt hat er einen turbanartigen Auswuchs.*

Beim Gehen stellt er den rechten Fuß vor, er macht weder zu große noch zu kleine Schritte, er geht weder zu schnell noch zu langsam; er bewegt dabei nur den oberen Teil seines Leibes und geht nicht mit der ganzen Wucht seines Körpers. Wenn er um sich sieht, dann wendet er den ganzen Körper um. Wenn er sich niederlegt, dann läßt er sich nicht mit dem Körper schwer auf den Sitz fallen. Er stützt das Kinn nicht mit der Hand. Er sitzt ohne jede Befangenheit da.

Beim Mahle nimmt er nicht zu wenig und nicht zu viel, jeden Bissen läßt er zwei- oder dreimal im Munde herumgehen, so daß kein Reiskorn ungekaut in seinen Leib kommt oder im Munde zurückbleibt, bis er den nächsten Bissen nimmt. Er versteht sich auf den Geschmack, wenn er ißt, aber er ißt ohne Gier, nicht aus Freude am Essen, sondern nur, um den Körper zu erhalten, damit er ihm für die Führung des heiligen Wandels dienlich sei. Nach dem Essen bleibt er eine Weile schweigend sitzen und geht langsam von dannen.

In dem Park, wohin er sich zurückzieht, sitzt er mit untergeschlagenen Beinen und aufrechtem Körper in wachem Bewußtsein da. Keinen bösen Gedanken hegt er, weder gegen sich selbst noch gegen den andern noch gegen beide. Stets Gedanken zu eigenem Heile, zum Heile des anderen, zum Heile beider, zum Heile der ganzen Welt hegend, sitzt er da. Wenn er die Lehre predigt, dann schmeichelt er weder seinen Hörern,

---

* Die Merkmale werden verschieden gezählt und erklärt. Das Netz an den Händen und Füßen (Nr. 6) soll nach einigen aus den feinen Linien der Hände und Fußsohlen bestehen, die meisten Texte verstehen darunter aber eine Art Schwimmhaut zwischen den Fingern und Zehen wie beim Königsschwan. Der vollendete Geschmack soll dahin zu verstehen sein, daß sich im Munde des Buddha die Nahrung in vorzüglich schmeckende Ambrosia verwandelt.

noch macht er ihnen Vorwürfe, sondern er zeigt ihnen die Lehre, er erhebt sie, erfüllt sie mit Freude, und entzückt sie, so daß sie, wenn sie aufstehen, ihn ansehen und ihn ungern verlassen.«

Als der Jüngling seinen Bericht geendet, erhob sich der Brahmane Brahmâyu, verneigte sich, indem er die Hände faltete, in der Richtung, wo der Erhabene weilte, und sprach dreimal: »Verehrung dem Erhabenen, Heiligen, vollkommen Erleuchteten!«

Als der Erhabene dann später nach Mithilâ kam, ging Brahmâyu zu ihm und stellte an ihm 30 von den 32 Merkmalen fest. Nur über zwei war er im unklaren: über die Verborgenheit der Schamteile und über die Länge der Zunge. Da ließ der Erhabene durch seine Zaubermacht den Brahmanen seine verborgenen Schamteile sehen, und dann steckte er seine Zunge aus und bedeckte mit ihr seine Ohren, seine Nase und die ganze Wölbung seiner Stirn.

Da war der Brahmane davon überzeugt, daß er einen Buddha vor sich hatte, und nach lehrreichen Gesprächen ging ihm das fleckenlose Auge der Wahrheit auf. Und er sprach zu dem Erhabenen: »Wunderbar! Wunderbar! Möge mich der Erhabene als seinen Laienanhänger betrachten!« *(M 91)*

4
DIE FRÜHEREN
UND DIE ZUKÜNFTIGEN BUDDHAS

In Shrâvastî erzählte Buddha den Mönchen *(D 14, 1, 4 f.):*

Im 91. Weltalter, vom gegenwärtigen an rückwärts gerechnet, wurde der Buddha Vipashyin geboren, im 31. vor unserem Weltalter der Buddha Shikhin und der Buddha Vishvabhû. In dem gegenwärtigen glücklichen Weltalter aber erschienen die Buddhas Krakucchanda, Kanakamuni, Kâshyapa und ich selbst. Von diesen waren Krakucchanda, Kanakamuni und Kâshyapa brahmanischer Abkunft, die anderen entstammten dem Kriegeradel.

Es folgen Einzelheiten über die Familienverhältnisse, die Lebensdauer, den Baum der Erleuchtung und die Jüngerschaft der verschiedenen Buddhas, und dann wird – als in den Hauptpunkten für alle Buddhas geltend – eine Lebensgeschichte Vipashyins gegeben:

Vipashyin war ein Sohn des Königs Bandhumân und der Bandhumatî. Aus dem Tushita-Himmel stieg er in den Leib seiner Mutter herab, die sieben Tage nach seiner Geburt starb. Während der zehnmonatigen Schwangerschaft Bandhumatîs und bei der Geburt ereigneten sich Wunder. Die Priester stellten aus den „32 Zeichen" (s. S. 49) des Prinzen fest, daß er entweder ein Weltbeherrscher oder ein Welterleuchter werden würde. Vipashyin wuchs in Pracht und Wohlleben in den drei Palästen, die er bewohnte, auf, begleitete schon als Knabe seinen Vater bei den Gerichtsentscheidungen und war wegen seines klaren Urteils beliebt. Als viele Jahrtausende seines 80 000 Jahre umfassenden Lebens verstrichen waren, sah Vipashyin bei drei Ausfahrten einen Alten, einen Kranken und einen Toten. Als ihm der Wagenlenker diese ihm bisher unbekannten Erscheinungen erklärt hatte, sagte er: »Pfui über die Geburt, die Alter, Krankheit und Tod zur Folge hat.« Als der König dies hörte, befürchtete er, daß sein Sohn statt, wie er es erhoffte, ein Weltbeherrscher, ein Welterleuchter werden könne und suchte ihn dadurch, daß er ihm alle Sinnengenüsse zuteil werden ließ, von diesem Ziel abzuhalten. Nach einigen Jahrtausenden begegnete der Prinz auf einer Spazierfahrt einem weltentsagenden Asketen. Als der Wagenlenker ihn über das Wesen eines solchen aufgeklärt hatte, unterhielt er sich mit diesem. Der Pilger aber verkündete ihm den Grundsatz: »Gut ist ein religiöser Wandel, gut ist ein richtiger Wandel, gut ist das Tun von Heilvollem, das Vollbringen guter

Der Buddha 53

Werke, das Nichtverletzen und das Mitleid mit allen Wesen.« Vipashyin wurde von diesen Worten im Innersten ergriffen, ließ den Wagenlenker allein nach dem Schloß zurückfahren und sich auf der Stelle Haar und Bart scheren, legte gelbrote Gewänder an und ging in die Heimatlosigkeit. Als sich die Kunde davon in der Königsstadt Bandhumatî verbreitete, zogen 84 000 Leute ihm als weltentsagende gelbgewandige Pilger nach. Von ihnen umgeben wanderte Vipashyin von Ort zu Ort. Als er sich einmal von der Menge abgesondert hatte, entdeckte er das Gesetz des Entstehens in Abhängigkeit und wie auch Aufhebung des Leidens zustande kommt (S. 80). Damit ging dem Bodhisattva Vipashyin das Auge auf für früher nie gehörte Dinge (dharma). Nach einiger Zeit erkannte er bei den fünf „Gruppen" (skandha) ihr Entstehen und Vergehen und befreite dadurch sein Denken von den Grundübeln. Nach anfänglichem Widerstreben entschloß sich Vipashyin dann, seine Heilslehre zu verkünden. Er begab sich in Windesschnelle durch die Luft nach dem Wildpark Kshema bei Bandhumatî, ließ seine Freunde, einen Fürstensohn und einen Hofpriestersohn kommen, unterhielt sich mit ihnen, bekehrte sie und erteilte ihnen die Mönchsweihe. Dasselbe geschah dann mit den 84 000 Leuten, die ihm nachgefolgt waren. Später gab er den auf 68 000 000 Mann angewachsenen Mönchen von Bandhumatî die Weisung, je einzeln durch die Welt zu ziehen, die Lehre zu verkünden und alle sechs Jahre in Bandhumatî eine Beichtversammlung abzuhalten.

Die späteren Texte kennen noch mehr Vorläufer Buddhas. Der „Buddhavansa" spricht von 24 Buddhas vor Gautama. Der erste von diesen war Dîpankara (vergl. S. 35), doch werden in diesem Text an einer anderen Stelle noch 3 vor Dîpankara genannt.
Gautama wird auch Nachfolger haben, die seine Lehre, wenn sie untergegangen ist, wieder neu entdecken und verkünden werden. Denn die Lehre wird in Verfall geraten, wenn die Mönche sie nicht mehr richtig lernen, verstehen, weiterüberliefern, wenn sie

streitsüchtig und unbotmäßig werden, wenn die Kenner der Lehre nicht für geeignete Nachfolger gesorgt haben und wenn die Mönche überhaupt üppig, bequem und ohne wahres Streben geworden sind. *(A 4, 160)* Das Buch „Anâgatavansa" schildert ausführlich, wie die Religion allmählich verfallen wird, indem 1. die überirdischen Erkenntnisse und Kräfte, 2. der reine Wandel, 3. die Gelehrsamkeit, 4. die Einhaltung der Ordensregeln (Tragen der gelben Gewänder, keusches und weltabgewandtes Leben) und 5. die Reliquien dahinschwinden werden. 5000 Jahre nach Buddha werden nämlich alle Reliquien beim heiligen Bo-Baum in Bodhigayâ auf wunderbare Weise vereinigt werden, dort zu einer großen Buddha-Statue werden und durch ein in ihnen entstehendes Feuer restlos verbrennen.

Wenn dann aber, nachdem der Niedergang der äußeren, menschlichen und sittlichen Verhältnisse der Welt seinen Höhepunkt erreicht und die Entwicklung wieder aufwärts geführt hat, so daß die Menschen 80 000 Jahre alt werden, dann wird zur Zeit des Weltbeherrschers Shankha der neue Buddha Maitreya auftreten, der auch den Weltbeherrscher in seinen Orden aufnehmen wird, nachdem dieser alle seine Habe verschenkt hat. *(D 26, 23 ff.)*

Der „Anâgatavansa" weiß auch schon die Namen von 9 Buddhas anzugeben, die nach Maitreya auftreten werden.

II DIE LEHRE

1
WESEN UND BESTIMMUNG DER LEHRE

Gesetzt, ein Mann fände im Dschungel einen alten Weg. Er folgte ihm und entdeckte eine alte Stadt, die früher von Menschen bewohnt war. Er teilte dies dem König mit, und dieser ließe sie wieder aufbauen, so daß sie wieder bevölkert würde und zu neuer Blüte erstände. – Gerade so habe *ich einen alten Weg wieder entdeckt:* den von den Buddhas der vergangenen Zeiten beschrittenen Weg zum Nirvâna. *(Sa 12, 65, 19)*

Bald nach der Erleuchtung entstand bei mir, als ich mich in der Einsamkeit der Betrachtung widmete, die Erwägung: ›Schwer lebt sich ohne Meister, ohne Führung. Aber ich sehe in der Welt mit ihren Göttern, Asketen und Brahmanen keinen, der mir an sittlicher Zucht und Erkenntnis überlegen wäre und den ich verehren und als meinen Meister betrachten könnte. Wie, wenn ich das von mir erkannte Gesetz (Weltgesetz = Wahrheit = Lehre) verehren würde?‹ Als Brahmâ Sahampati meinen Gedanken erkannte, erschien er, kniete vor mir nieder und sagte: »Auch die Buddhas der Vergangenheit haben das Gesetz verehrt, und die Buddhas der Zukunft werden das Gesetz verehren. Das ist bei den Buddhas Gesetz. Darum soll jeder, der nach Größe strebt, das Gesetz verehren.« *(A 4, 21)*

Bald nach der Erleuchtung kam mir der Gedanke: ›Die Wahrheit (dharma), die ich erkannt habe, ist tief und nur für den Weisen erfaßbar. Dieses Geschlecht aber ist der Weltlust ergeben. Schwer zu begreifen ist das Gesetz des „bedingten Entstehens" und ebenso das Zurruhekommen der karma-gestaltenden Kräfte, die Vernichtung des Lebensdurstes, das Nirvâna. Wenn ich diese Wahrheit aufzeigte und die anderen verständen mich nicht, so hätte ich davon nur Anstrengung und Verdruß. Warum soll ich sie also verkünden?‹ Als Brahmâ Sahampati meine Gedanken erkannte, erschien er vor mir und sagte: »Möge der Erhabene die Wahrheit verkünden. Es gibt Wesen, deren Augen nur wenig getrübt sind, wenn die nichts von der Wahrheit hören, sind sie verloren; sie werden sie schon verstehen.« Als ich Brahmâs Bitte vernommen, überschaute ich mit dem Buddha-Auge die Welt und sah, daß es leicht zu belehrende Wesen gibt, welche sich der jenseitigen Vergeltung wohl bewußt sind. Da sagte ich zu Brahmâ: »Geöffnet sind die Tore des Unvergänglichen, für die, welche hören wollen.« *(M 26 I p. 168)*

Im gegenwärtigen Dasein wirksam ist diese Lehre, sie ist an keine Zeit gebunden, sie ladet zu ihrer Betrachtung ein, sie führt zum Ziele und ist von den Einsichtigen aus eigener Kraft zu verstehen. *(Sa 1, 20, 5)*

Die Lehre ist eine edle Arznei, die alles Leid und alle bösen Dinge heraustreibt. *(A 10, 109)*

Die Lehre gleicht einem *Floß*, das man benutzt, um über einen Strom (die Wandelwelt) an das andere Ufer (das Nirvâna) zu gelangen, das man aber, wenn es diesen Zweck erfüllt hat, nicht mehr mit sich herumschleppt. *(M 22, I p. 134)*

So wie das Meer nur einen Geschmack hat, den des Salzes, so hat auch diese Lehre und Zucht nur einen Geschmack: den der Erlösung. *(A 8, 19, 16)*

Von denjenigen Lehren, von denen man erkennt, daß sie nicht zur Leidenschaftslosigkeit, zur Erleuchtung, zum Nirvâna führen, von denen läßt sich mit Gewißheit annehmen: ›das ist nicht des Meisters Unterweisung‹. *(A 7, 79, 2)*

Nur für den Bescheidenen eignet sich diese Lehre, nicht für den Unbescheidenen, der seine Vorzüge zeigen will.

Nur für den Genügsamen eignet sich diese Lehre, nicht für

den Ungenügsamen (der mit Almosenspeise usw. nicht zufrieden ist).
Nur für den Einsamen eignet sich diese Lehre, nicht für den, der an der Geselligkeit seine Freude hat.
Nur für den Willensstarken eignet sich diese Lehre, nicht für den Schwachen.
Nur für den geistig Wachen eignet sich diese Lehre, nicht für den unbedacht Dahinlebenden.
Nur für den, der sich (in der Meditation) zu vertiefen weiß, eignet sich diese Lehre, nicht für den, der sich nicht sammeln kann.
Nur für den Weisen eignet sich diese Lehre, nicht für den Toren, der über das Entstehen und Vergehen aller Erscheinungen nicht nachdenkt.
Nur für den, der die Welt überwinden will, eignet sich diese Lehre, nicht für den, der dem Weltlichen sich hingibt. *(A 8, 30, 15)*
Ich habe die Lehre dargelegt, ohne ein Innen und Außen (eine geheime und offene Lehre) zu unterscheiden; der Vollendete hat bei seinen Unterweisungen nicht eine geschlossene Hand wie andere Meister. *(D 16, 2, 25)*
Die Frauen, die Zaubersprüche der Brahmanen und falsche Lehren hüllen sich in Geheimnisse. Die Sonne, der Mond und die Lehre und Zucht des Vollendeten leuchten offen und nicht im geheimen. *(A 3, 129)*
Ein Stallmeister zähmt ein Roß mit Milde oder Strenge oder mit beidem; läßt es sich auf diese drei Weisen aber nicht zähmen, so tötet er es, damit der Zunft kein Tadel erwächst. So auch zähme ich die Menschen; wenn sich ein Mensch aber nicht zähmen läßt, dann töte ich ihn. Denn einer Tötung kommt es gleich in der Zucht des Edlen, wenn der Vollendete es nicht für angemessen hält, mit jemandem zu reden oder ihn zu belehren. *(A 4, 111)*
Richtet euch nicht nach dem, was euch zu Ohren gekommen

ist, nach dem bloßen Hörensagen, nach dem, was von einem zum anderen weitergegeben wurde, nach Sammlungen von heiligen Überlieferungen, nach Vermutungen und ertüftelten Gründen, nicht nach äußeren Erwägungen, nicht nach eingewurzelten Anschauungen, nicht nach dem, was aussieht, als ob es angemessen sein könnte, und nicht nach dem Worte eines verehrten Meisters – sondern was ihr selbst als gut oder schlecht erkannt habt, das nehmt an oder gebt auf. *(A 3, 65, 8)*

Habt euch selbst als Leuchte, euch selbst als Zuflucht, nichts anderes als Zuflucht. Habt die Lehre als Leuchte, die Lehre als Zuflucht, und nichts anderes als Zuflucht. *(D 16, 2, 26)*

2

DIE WELTORDNUNG

Unendlich sind der Raum, die Zahl der Weltsysteme und Lebewesen und das Wissen der Buddhas. *(Bv 1, 64; Atth § 374)*

Wenn vier Männer, deren Schritt so groß wäre wie die Entfernung vom westlichen zum östlichen Ozean, mit der Geschwindigkeit eines dahinschießenden Pfeiles hundert Jahre hindurch je nach einer anderen Himmelsrichtung laufen würden, ohne zu essen, ohne zu trinken, ohne ihre Notdurft zu verrichten, ohne zu schlafen oder zu rasten, so würden sie doch alle nicht das Ende der Welt erreichen, weil das Ende der Welt nicht erreicht werden kann. *(A 9, 38, 4)*

Jedes der unendlich vielen Weltsysteme zerfällt in drei Abteilungen. 1. Die Welt der Begierden (Kâma-loka). In der Mitte derselben liegt die als Scheibe vorgestellte meerumgürtete Erde. Unter ihr befinden sich die stockwerkartig untereinander liegenden Höllenregionen, in denen zeitlich begrenzte Strafen verbüßt werden. Im Zentrum der Erde, auf welcher Tiere, Menschen, Pretas (Totengeister) und Dämonen leben, liegt der Meruberg, um den Sonne,

Mond und Gestirne kreisen und auf dessen Gipfel die (niederen) Götter mit Indra (Shakra) als König wohnen. Darüber hausen dann noch andere Götter in fahrbaren Palästen. Alle diese Wesen haben materielle Körper und sind Begierden unterworfen. 2. Die Welt der reinen Formen (Rûpa-loka) wird von begierdelosen Göttern verschiedener Klassen bewohnt, die nur noch feinstoffliche Leiber haben (wie Brahmâ) und zu denen sich der Meditierende in Zuständen der Kontemplation erheben kann. 3. Die Welt der Nicht-Formen (Arûpa-loka) ist die Region von körperlosen, in ständige Meditation versunkenen Göttern.

Die formhaften Welten unterliegen dem wechselnden Turnus von Weltaltern (Mahâkalpa), von denen jedes aus vier gleich großen Perioden von unberechenbarer Länge (Asankhyeya) besteht. In der 1. Periode wird eine frühere Welt zerstört, in der 2. ist die Welt verschwunden, so daß nur der leere Raum übrig bleibt, in der 3. bildet sich auf Grund des Karma der Lebewesen einer untergegangenen Welt eine neue Welt und wird von in Götterhimmeln die Weltvernichtung überdauernden Lebewesen allmählich wieder bevölkert. In der 4. Periode existiert dann die Welt eine Zeitlang. In dieser Periode, in der wir jetzt leben, folgen zehn absteigende und zehn aufsteigende Kulturepochen aufeinander, in denen die allgemeinen Verhältnisse sich vom Besseren zum Schlechteren und dann wieder vom Schlechteren zum Besseren wandeln. Ist die letzte Periode mit dem bestmöglichen Zustand und einer menschlichen Lebensdauer von 80 000 Jahren abgelaufen, so beginnt ein neuer Mahâkalpa, mit dem dann wieder die Zerstörung der Welt einsetzt.

Der ganze Weltprozeß wird nicht von einem persönlichen Gott gelenkt, sondern von einem unpersönlichen ewigen Gesetz (dharma) regiert, welches die Ursache aller natürlichen und sittlichen Ordnung ist. Es manifestiert sich vor allem in der automatisch eintretenden Vergeltung aller moralisch bedeutsamen guten oder schlechten Taten.

Was ist die Ursache, was ist der Grund davon, daß man unter den Menschen hohe und niedrige, langlebige und kurzlebige, gesunde und kranke, schöne und häßliche, einflußreiche und einflußlose, reiche und arme, vornehme und geringe, kluge und dumme findet? – Die Taten (karma) sind das Eigentum der Wesen, die Taten sind ihre Erbschaft, die Taten sind ihr Ursprung, die Taten sind ihre Verwandtschaft, die Taten sind ihre Zuflucht. Die Tat scheidet die Wesen in hohe und niedrige. *(M 135 III p. 202)* – Vorbedachtes Wollen bezeichne ich als Tat: denn wenn man etwas gewollt hat, handelt man mit dem Leibe, mit der Rede oder mit dem Geiste. *(A 6, 63, 11)* Nicht verschwinden die gewollten, vollbrachten, aufgeschichteten Taten spurlos, ohne daß man eine Wirkung von ihnen verspürt, sei es in dieser, sei es in einer künftigen Existenz. So sicher wie ein emporgeworfener Würfel immer wieder fest zu stehen kommt, so sicher gelangen die Wesen infolge ihrer Taten zu einem neuen Dasein. *(A 10, 206, 1 u. 6)* Wer krumme Wege geht, wird in einer Hölle wiedergeboren oder in tierischem Schoß, wer aber gerade Wege geht, im Himmel oder in einem vornehmen und reichen Geschlecht von Kriegern, Brahmanen oder Bürgern. Was einer tut, dadurch wird er wiedergeboren, und wenn er wiedergeboren ist, dann berühren ihn die entsprechenden Berührungen (d. h. Eindrücke, welche die Umwelt ausübt). *(A 10, 205, 6)* Nicht nimmt ein Mann oder eine Frau den Leib mit sich, der Sterbliche hat sein *Denken* als Zwischenglied. *(A 10, 208, 4)* Die Sinne und das Denkorgan (die einer heute hat) sind als eine „alte Tat" zu betrachten, als karmisch geworden, als vorbedacht gewollt. *(Sa 35, 145)* So wie ein emporgeworfener Stab bald mit seiner Spitze, bald mit seiner Mitte, bald mit seinem unteren Ende zu Boden fällt, so gehen auch die von Nichtwissen verblendeten, im Kreislauf umherirrenden Wesen bald aus dieser Welt in eine andere, bald kehren sie aus einer anderen wieder in diese hier zurück. *(Sa 56, 33)*

Nicht auszudenken ist der Beginn des Sansâra! Nicht kennt man einen ersten Anfang bei den Wesen, die durch das Nichtwissen gehemmt, durch den Lebensdurst gefesselt umherirren. Gering ist das Wasser der vier Weltmeere im Vergleich zu den Tränen, die ihr über die Verbindung mit Unlieben und die Trennung von Lieben auf eurer Weltenwanderung vergossen habt, gering im Vergleich zu der Muttermilch, die ihr getrunken habt, gering zu dem Blut, das euch entströmte, als ihr als Tiere geschlachtet, als Kämpfer getötet oder als Verbrecher hingerichtet wurdet. Nicht ist ein Wesen zu finden, das nicht früher einmal euer Vater, eure Mutter, euer Bruder, eure Schwester, euer Sohn oder eure Tochter gewesen wäre während der langen Zeit, die ihr im Sansâra umhergeirrt. *(Sa 15, 3–19)*

3

DIE FALSCHE UND DIE RICHTIGE
WELTDEUTUNG

An zweierlei hält sich die Welt zumeist, an das „Es ist" und an das „Es ist nicht". Wer aber die Entstehung der Welt der Wirklichkeit entsprechend in richtiger Erkenntnis betrachtet, für den gibt es bei der Welt kein „Es ist nicht", und wer die Vernichtung der Welt der Wirklichkeit entsprechend in richtiger Erkenntnis betrachtet, für den gibt es bei der Welt kein „Es ist". – „Alles ist", das ist das eine Ende. „Alles ist nicht", das ist das andere Ende. Diese beiden Enden vermeidet der Vollendete und verkündet in der Mitte die Lehre von der Entstehung aller vergänglichen „Dinge" in Abhängigkeit von anderen. *(Sa 12, 15)*
›Alles ist eine Einheit‹, so lehrt eine Weltweisheit, ›alles ist eine Vielheit von je für sich bestehenden einzelnen Substanzen‹, so lehrt eine andere. Diese beiden Enden vermeidend, verkündet der Vollendete in der Mitte die wahre Lehre. *(Sa 12, 48)*

Gegen den Materialismus

Einige Asketen und Brahmanen lehren, daß ein Lebewesen mit dem Tode restlos vernichtet wird. So sagt Ajita: »Der Mensch besteht aus den vier Elementen. Wenn er stirbt, dann wird die Erde (in ihm) zu Erde, das Wasser zu Wasser, das Feuer zu Feuer, die Luft zu Luft, die Sinnesvermögen entweichen in den leeren Raum. Weise und Toren werden durch die Auflösung des Leibes restlos vernichtet und sind nicht mehr nach dem Tode. Es gibt also keine Vergeltung für gute und böse Taten, und keine Weisen, die diese Welt und die Überwelt erkannt und verwirklicht haben.« Eine solche Anschauung kann nur bestehen, solange man nicht erkannt hat, daß alles, was man mit den Sinnen wahrnimmt, was einem zum Bewußtsein kommt, was man als gegeben betrachtet, was man erforscht oder sich ausdenkt, vergänglich und gesetzmäßig dem Wandel unterworfen ist. *(D 1, 3, 9; 2, 23; Sa 24, 5)*

Gegen den Pantheismus

Einige Asketen und Brahmanen verkünden eine Ewigkeitslehre. Ein solcher sagt: »Ewig ist das Selbst und die Welt, Neues nicht gebärend (d. h. nichts von sich selbst Verschiedenes hervorbringend), unveränderlich (in seinem Wesen), feststehend wie eine Säule; die Lebewesen laufen zwar hin und her und wandern (von Existenz zu Existenz), sterben und werden wiedergeboren, es ist dies aber ewig dasselbe.« Ein solches Wissen macht sich der Vollendete nicht zu eigen. *(D 1, 1, 30 ff.)*

Ihr möchtet euch an etwas halten, das ewig, unvergänglich und dem Wandel nicht unterworfen ist, ihr möchtet eine Lehre vom Selbst annehmen, die bei dem, der sie annimmt, nicht entstehen ließe Gram und Leiden. Seht ihr ein solches Gut oder eine solche Lehre? Ich sehe sie nirgends. Da nun ein solches Selbst oder etwas zum Selbst Gehöriges wirklich und wahrhaftig nicht erreicht werden kann, ist da nicht eine Lehre, welche verkündet: ›Dasselbe ist die Welt und das Selbst, das werde ich nach dem Tode sein, unvergänglich, beständig, ewig‹, eine vollkommene Narrenlehre? *(M 22 I p. 138)*

Gegen den Glauben an einen ewigen Weltenherrn

Einige Asketen und Brahmanen behaupten: »Was auch immer einem Menschen zuteil wird, Glück, Leid oder keins von beiden, das hat alles seinen Grund in dem Schöpferwillen des Weltenherrn.« Ich sage dazu: »Dann werden die Menschen ja auf Grund des Schöpferwillens Gottes zu Mördern, Dieben, Wüstlingen, Lügnern und solchen, denen Gier, Übelwollen und irrige Meinungen eignen. Diejenigen, die sich im Ernst auf den Schöpferwillen des Weltenherrn berufen, haben nicht die Willensfreiheit, sich darüber zu entscheiden, was zu tun und was zu lassen ist.« *(A 3, 61, 3)*

> Wenn Gott, der über allem waltet,
> Das Leben in der Welt gestaltet,
> Wenn er verteilt hier Glück, dort Leiden,
> Das Böse tun läßt und es meiden,
> Der Mensch nur seinen Wunsch vollstreckt –
> Dann ist nur Gott von Schuld befleckt.
>
> *(J 528 V p. 238)*

> Ist Brahmâ Herr auf diesem Erdenrund
> Und aller Wesen letzter Daseinsgrund,
> Warum wird Unglück dieser Welt zuteil
> Und nicht nur Freude, Seligkeit und Heil?
>
> Warum herrscht Lüge, Trug und Schlechtigkeit
> Und Einbildung und Ungerechtigkeit,
> Warum erschuf er nur ein menschliches Geschlecht,
> Das unentwegt verletzt die Sitte und das Recht?
>
> *(J 543 VI p. 208)*

So weit Sonnen und Monde ihren Lauf vollenden und die Himmelsgegenden leuchtend glänzen, so weit erstreckt sich ein tausendfaches Weltsystem. In einem solchen sind tausend Sonnen, Monde, Merus (Meru oder Sineru ist der Berg im

Mittelpunkt der Erdenwelt), viermal tausend Kontinente und Ozeane, tausend Götterhimmel aller Stufen der Sinnenlust, tausend Brahmâ-Welten. So weit ein tausendfaches Weltsystem sich erstreckt, so weit gilt der große Brahmâ als das höchste Wesen. Aber auch beim großen Brahmâ gibt es einen Wandel von Werden und Vergehen. *(A 10, 29, 2)*

Die Entstehung des irrigen Glaubens an einen Weltschöpfer wird D 1, 2, 2 *(I, p. 17)* folgendermaßen erklärt: Wenn nach einer Periode der Weltzerstörung die Welt periodisch eine Zeitlang nicht bestanden hat, dann drängen die karmischen Kräfte der Lebewesen des untergegangenen Weltsystems wieder nach einer Manifestation. Es beginnt dann eine neue Welt sich zu bilden. Von dieser entsteht zunächst der leere Brahmâ-Palast, und in ihm erscheint dann ein Wesen, das auf Grund seiner in einer früheren Existenz vollbrachten Taten für die Stellung eines Brahmâ geeignet ist. Dieser Brahmâ, der nichts von seinen früheren Daseinsformen weiß, lebt eine Zeitlang allein in seinem Palaste, beginnt dann aber sich zu langweilen, und es entsteht in ihm der Wunsch nach Gesellschaft. Wenn dann im weiteren Verlaufe des kosmischen Prozesses weltgesetzlich noch andere Wesen in den allmählich sich bildenden himmlischen, irdischen und höllischen Regionen ins Dasein treten, dann glaubt Brahmâ, er habe sie durch seinen Willen geschaffen, die Wesen hinwiederum meinen, daß Brahmâ, weil er vor ihnen da war, sie geschaffen habe, und verehren ihn als den Allmächtigen, den höchsten Weltenlenker und den Vater alles Gewordenen und Zukünftigen.

Gegen die in den Upanishaden auftretende Lehre, daß Gott unerkennbar, unfaßbar und unerforschlich sei, wendet sich Buddha in den folgenden Worten:

Die Brahmanen geben selbst zu, daß keiner von ihnen Brahmâ mit eigenen Augen gesehen hat. Sie lehren mithin: »Zu dem, den wir nicht kennen und nicht sehen, zur Gemeinschaft mit ihm weisen wir den Weg, und dies ist der einzige gerade Weg zur Erlösung.« Das ist ebenso, als ob jemand auf einem Platze eine Treppe bauen wollte, die zu dem obersten Stock eines Palastes führen soll, den er nie gesehen hat und von dem er nicht weiß, wie groß er ist. *(D 13, 14–21)*

Die Bekämpfung der Vorstellung von einem Weltschöpfer und Weltenlenker gehört zum eisernen Bestand der Dogmatik des Kleinen wie des Großen Fahrzeugs. Vergleiche im einzelnen darüber: H. v. Glasenapp „Buddhismus und Gottesidee. Die buddhistischen Lehren von den überweltlichen Wesen und Mächten und ihre religionsgeschichtlichen Parallelen" (Wiesbaden 1954).

Gegen die Lehre von der Unvergänglichkeit ewig-beharrender Einzelseelen

Einige Asketen und Brahmanen halten das Selbst und die Welt zum Teil für ewig, zum Teil für nicht ewig. Ein solcher sucht zu beweisen und behauptet: »Was man Auge, Ohr, Nase, Zunge, Körper nennt, das ist das vergängliche, unbeständige, nicht ewige, der Veränderung unterworfene Selbst. Was man aber Geist, Denkorgan oder Bewußtsein nennt, das ist das unvergängliche, beständige, ewige, der Veränderung nicht unterworfene Selbst. Dieses wird ewig dasselbe bleiben.« *(D 1, 2, 13)* Ein gewöhnlicher Mensch erkennt wohl, daß bei dem Körper, der aus den vier Elementen besteht, ein Aufnehmen und Ausscheiden (von Stoffen) stattfindet und daß er bis zu hundert Jahren besteht. Was aber Geist, Denken oder Bewußtsein heißt, von dem hat er sich seit langem die Vorstellung gemacht: ›Das gehört mir, das bin ich, das ist mein (wahres) Selbst.‹ Und doch entsteht es und vergeht es in dauerndem Wechsel bei Tag und bei Nacht. *(Sa 12, 61)*

Einige Asketen und Brahmanen meinen: »Das Selbst ist nach dem Tode vollkommen selig und aller Leiden ledig.« Da fragte ich sie: »Habt ihr je eine Welt gesehen, die vollkommen selig ist, oder ein Selbst festgestellt, das auch nur einen Tag oder eine Nacht vollkommen selig war?« Sie haben aber beides verneint. Das ist dann ja gerade so, als ob ein Mann sagte: »Ich liebe die Schönste im Lande.« Und ihn würde jemand fragen: »Kennst du die Schönste im Lande, weißt du, wie sie heißt, aus welchem Geschlecht sie ist, welche Größe sie hat, ob sie schwarz, dunkel oder hell ist und wo sie wohnt?«

Er aber würde alle diese Fragen mit ›nein‹ beantworten. Wäre da nicht das, was der Mann sagte, ein leeres Geschwätz? *(D 9, 34 f.; M 79)*

Manche nehmen drei Arten eines Selbst an: 1. ein grobstoffliches, das eine Gestalt hat, aus den vier Elementen entsteht und durch grobstoffliche Nahrung unterhalten wird, 2. ein Selbst, das geistartig ist (d. h. aus feiner Denksubstanz besteht), eine Gestalt hat und mit allen Haupt- und Nebengliedern und Sinnesvermögen ausgestattet ist, und 3. ein Selbst, das keine Gestalt (körperliche Form) hat und seinem Wesen nach in dem Unterscheiden (von Wahrnehmungen und Vorstellungen) besteht. Solange jemand über das *eine* Selbst verfügt, erfaßt er die beiden anderen nicht, denn die drei verhalten sich zueinander wie Milch, Sahne und Butter. Dann ist also nur das Selbst, das einer in der Gegenwart hat, wahr, das, was er in früherer Zeit hatte oder in Zukunft haben wird, unwirklich. Es handelt sich hierbei aber überhaupt nur um in der Welt übliche, auf Übereinkunft beruhende Bezeichnungen; ihrer bedient sich der Vollendete, wenn er etwas gemeinverständlich darlegt, aber er nimmt sie nicht als vollwertig. Ich verkünde euch eine Lehre, die euch frei machen soll von der Annahme eines grobstofflichen, geistartigen und gestaltlosen Selbst. *(D 9, 39–53)*

Gegen den Fatalismus

Goshâla lehrt: »Alle Wesen sind ohne freien Willen und erfahren Glück und Leid durch notwendige Schicksalsbestimmung. So wie ein Garnknäuel sich beim Aufwickeln von selbst entwirrt, so können Weise und Toren nicht durch Zucht und Askese das Ende des Leidens bewirken, sondern nur dadurch, daß sie im Kreislauf umherwandern.« *(D 2, 20)* Gleichwie unter allen Gewändern das härene das schlechteste ist, weil es in der Kälte kalt, in der Hitze heiß, dazu häßlich, übelriechend und unangenehm anzufassen ist, so ist unter allen Lehren diese die schlechteste. Denn sie besagt: ›Es gibt keine Tat (karma), kein Tun, keine Willenskraft.‹ Ich aber lehre die Tat, das Tun, die Willenskraft. *(A 3, 135)*

*Gegen die Lehre,
daß alles in der Welt ein blinder Zufall sei*

Manche Asketen und Brahmanen halten das Selbst und die Welt für nicht in Abhängigkeit von etwas anderem, sondern für zufällig entstanden. Sie glauben: »Früher war ich nicht, jetzt aber bin ich; ohne daß ich früher existierte, habe ich mich zu einer Wesenheit entwickelt.« *(D 1, 2, 31)* Nicht möglich ist es aber, daß ein mit richtiger Anschauung versehener Mensch glaubt, daß Glück und Leid ohne Ursache entstehen könnten. *(A 6, 95)*

Die zehn nicht beantworteten Fragen

Einige Asketen und Brahmanen sagen: »ewig ist die Welt«, andere »nicht ewig ist die Welt«; einige »endlich ist die Welt«, einige »nicht endlich ist die Welt«; einige »das Lebensprinzip und der Leib sind dasselbe«, andere »etwas anderes ist das Lebensprinzip, etwas anderes der Leib«; einige »ein Vollendeter ist nach dem Tode«, andere »er ist nicht nach dem Tode« oder »er ist und ist nicht nach dem Tode«, oder »er ist weder noch ist er nicht nach dem Tode«. Und diese streitsüchtigen Leute gehen mit dem Speer ihrer Worte aufeinander los, und jeder sagt von seiner Ansicht, »dies ist wahr, alles andere ist Unsinn«. Diese Asketen der anderen Sekten sind blind und haben keine Augen. Sie kennen nicht den wahren Sachverhalt.

Einstmals war in Shrâvastî ein gewisser König. Der gebot seinem Diener: »Lasse alle Blindgeborenen der Stadt an einem Orte zusammenkommen.« Als das geschehen war, ließ er den Blindgeborenen einen Elefanten vorführen; die einen ließ er den Kopf betasten, mit den Worten: »So ist ein Elefant«, andere das Ohr oder den Stoßzahn, den Rüssel, den Rumpf, den Fuß, das Hinterteil, den Schwanz, die Schwanzhaare. Dann fragte er: »Wie ist ein Elefant beschaffen?« Da sagten die, welche den Kopf betastet hatten: »Er ist wie ein Topf«, die das Ohr betastet hatten, »wie ein geflochtener Korb zum Schwingen des Getreides«, die den Stoßzahn betastet hatten, »wie eine Pflugschar«, die den Rüssel betastet hatten, »wie eine Pflugstange«, die den Rumpf betastet hatten, »wie ein Speicher«, die den Fuß betastet hatten, »wie ein Pfeiler«, die das Hinterteil betastet hatten, »wie ein Mörser«, die den Schwanz betastet hatten, »wie eine Mörserkeule«, die die Schwanzhaare betastet hatten, »wie ein Besen«. Und mit dem Rufe: »Der Elefant ist so und nicht so«, schlugen sie sich gegenseitig mit den Fäusten, zum Ergötzen des Königs.

> Stets streiten sich Brahmanen und Asketen,
> Die diese, jene Lehrmeinung vertreten,
> Sie bleiben unbeirrt auf einem Standpunkt stehn,
> Weil sie nur einen Teil der Wahrheit sehn. *(U 6, 4)*

Eine Ansicht wie die eben genannte „Die Welt ist ewig" usw. ist bei dem, der sie annimmt und glaubt, ›dieses nur ist wahr, alles andere ist Wahn‹, entweder infolge eigener ungründlicher Überlegung entstanden oder sie ist durch die Worte eines anderen veranlaßt worden. Jedenfalls aber ist dies etwas Gewordenes, künstlich Zusammengefügtes, Erdachtes und in Abhängigkeit Bedingt-Entstandenes. Es ist dies also etwas Vergängliches; was aber vergänglich ist, das ist etwas, das der Leidenswelt angehört. *(A 10, 93, 5)*

Vier unfaßbare Dinge gibt es, über die man nicht nachdenken soll, und wer darüber nachdenkt, wird wahnsinnig oder verstört: die Machtsphäre eines Buddha, die Machtsphäre der Versenkungen, die Vergeltung der Taten (karma) und das Wesen der Welt. *(A 4, 77)*

Wenn einer sagen würde: »Nicht eher will ich beim Erhabenen den heiligen Wandel führen, bis er mir erklärt hat ›ewig ist die Welt‹ oder ›nicht ewig ist die Welt‹ usw.«, so würde er sterben, ehe der Vollendete es ihm erklärt hätte. Gesetzt, ein Mann wäre von einem Giftpfeil getroffen worden und seine Angehörigen hätten einen Arzt herbeigerufen. Der Mann aber sagte: »Nicht eher werde ich diesen Pfeil herausziehen lassen, als bis ich den Mann kenne, der mich verwundet hat, und weiß, wie er heißt, aus welcher Kaste und Familie, aus welcher Gegend, von welcher Körpergröße und Hautfarbe er ist und wie beschaffen der Bogen, die Sehne und der Pfeil ist, durch die mir die Wunde beigebracht wurde.« Bevor der Mann dies alles festgestellt haben könnte, wäre er längst gestorben. Mag die eine oder die andere dieser zehn Ansichten bestehen oder nicht bestehen, jedenfalls bestehen Geburt, Alter, Tod und Leid, deren Vernichtung schon in diesem Leben ich verkünde. Darum mögt ihr das, was ich erklärt habe, als erklärt, das aber, was ich nicht erklärt habe, als nicht erklärt hinnehmen. Und warum habe ich es nicht erklärt? Weil es nicht zweckdienlich ist, weil es nicht zum heiligen Wandel gehört und nicht zur Weltentsagung, zur Leidenschaftslosigkeit, zur Erkenntnis, zum Nirvâna führt. *(M 63)*

So wie der Blätter an den Sinsapâ-Bäumen viel mehr sind als die, welche ich hier in der Hand halte, so gibt es auch viel, was ich erkannt, aber nicht verkündet habe, und weniges was ich verkündet habe. *(Sa 56, 31)*

4

DIE FLIESSENDE WIRKLICHKEIT

Zwei Bereiche der Wirklichkeit gibt es: das Bedingte und das Nicht-Bedingte. *(M 115 III p. 63)* Das Bedingte (sanskrita, was durch Ursachen zusammengewirkt worden ist) hat drei Kennzeichen: bei ihm findet ein Entstehen, ein Ver-

gehen und eine Veränderung während des Bestehens statt. Beim Nichtbedingten findet kein Entstehen, kein Vergehen und keine Veränderung während des Bestehens statt. *(A 3, 47)*
Nur für das, was von einem anderen abhängig ist, gibt es eine Bewegung; für das, was nicht abhängig ist, gibt es keine Bewegung, wo keine Bewegung ist, da ist Ruhe, wo Ruhe ist, da ist kein Begehren, wo kein Begehren ist, da ist kein Kommen und Gehen. *(U 8, 4)*

Nach der Lehre der Theravâdins ist das Nichtbedingte das Nirvâna, nach der Ansicht anderer Schulen außerdem noch der leere Raum.

Ob Vollendete aufgetreten sind oder nicht, fest steht dieses Grundprinzip, diese Gesetzmäßigkeit, diese gesetzliche Notwendigkeit:
alle bedingten Daseinsfaktoren sind vergänglich,
alle bedingten Daseinsfaktoren sind leidvoll,
alle Daseinsfaktoren (ohne Ausnahme) sind ohne Selbst.
Dies erkennt und durchschaut ein Vollendeter, und wenn er es erkannt und durchschaut hat, so teilt er es mit, zeigt es, legt es dar, stellt es fest, enthüllt es, zergliedert es und macht es offenbar. *(A 3, 134)*

Damit wird ausgesprochen, daß nicht nur das Bedingte, sondern auch das Nichtbedingte ohne Selbst ist. Unter „Selbst" wird eine selbständige Wesenheit verstanden, die in ihrem Dasein und Sosein, ihrer Bewegung und ihrem Handeln völlig unabhängig ist. So definiert auch der Mahâyâna-Philosoph Candrakîrti zu *MK 22, 3 (p. 437)* »âtman (Selbst) ist ein Wechselbegriff für ›selbständiges Wesen‹ (svabhâva)«, d. h. eine durch nichts anderes bedingte Substanz.

Den reinen „Phänomenismus" der alten Lehre betont der folgende von Buddhaghosa *(Vism p. 625)* zitierte Vers über die Dharmas:

> Sie kommen aus dem Ungeseh'nen her,
> Im Ungeseh'nen sie ihr Ende finden,
> Den Blitzen ähnlich, die im leeren Raum
> Entstehn, um später wieder zu verschwinden.

Die Lehre

Die Strophe richtet sich gegen philosophische Schulen, welche den Dharmas einen transzendenten Charakter zuschreiben, indem sie (wie die Sarvâstivâdins) annehmen, daß sie ununterbrochen potentiell vorhanden sind, aber nur zeitweise unter gegebenen Bedingungen zur Erscheinung kommen.
Alle Dharmas haben nur die Dauer eines Augenblicks. *(Vism p. 624)*

> Das Leben wie das Einzelselbst
> Und alles Leid und alles Glück,
> Die Spanne ihres Daseins gleicht
> Nur dem Gedanken-Augenblick.

> Ob einer lebt, ob einer stirbt:
> In jedem einz'gen Augenblick
> Fünf Daseinsgruppen untergehn
> Und kehren niemals mehr zurück.

Was ist die Welt? Das, worin Vergehen waltet. *(Sa 35, 82)*
Was ist eine Persönlichkeit? Die fünf „Gruppen" (skandha) von Daseinsfaktoren, die auf dem Daseinshang beruhen: das Körperliche, die Empfindung, das Unterscheidungsvermögen, die Triebkräfte und das Bewußtsein. *(Sa 22, 105, 4)*

Die Gruppe „*Körperliches*" umfaßt *primär* die vier Elemente (Kräfte) Erde, Wasser, Feuer, Luft, aus denen alles Materielle besteht, *sekundär* die aus diesen gebildeten Daseinsfaktoren, welche zum Körper gehören, wie Sinnesvermögen (Auge = Sehvermögen, Leib = Tastvermögen), Sinnesdaten (Farben, Töne), männlichen und weiblichen Geschlechtscharakter sowie die verschiedenen am Körper auftretenden Eigenschaften. *Empfindung* ist das Erleben eines angenehmen, unangenehmen oder indifferenten Gefühls *(Sa 22, 79, 6)*; *Unterscheidungsvermögen* ist die Fähigkeit, etwas, das man wahrnimmt oder sich vorstellt, von etwas anderem zu unterscheiden, festzustellen, ›dies ist blau, dies ist rot‹ *(Sa 22, 79, 7)*; *Bewußtsein* (auch als Geist oder Denken bezeichnet) ist reines Bewußtwerden ohne jeden Inhalt. Die *Sanskâras* sind die als objektive Realitäten, nicht als Eigenschaften oder Funktionen eines Wesens, einer Seele oder dergleichen betrachteten „Triebkräfte", welche die Aktivität des Lebensprozesses bedingen und die verschiedenen Gruppen von Daseinsfaktoren zu einer Kombination verbinden, wie Lebenskraft, Berührung (d. h. der durch einen Kontakt erzeugte Reiz), Wollen, geistige Konzentration usw. Als Gemütsregungen, wie Haß, Gier, Verblendung, Trägheit, Zweifelsucht bzw. deren positive Gegenstücke, sind sie die Ursache der Karma-Erzeugung und gestalten die nächste Existenz eines Wesens mit seinem Körper, seinen Anlagen, seinem Schicksal. Die Aufzählung der guten und bösen Sanskâras nimmt einen beträchtlichen Teil des Kanons ein; dazu gehören z. B. die an anderen Stellen dieses Buches erwähnten 3 „Einflüsse" oder Grundübel, die 5 Hemmungen, die 7 Glieder der Erleuchtung, die 8 Glieder des edlen Pfades.

Den wichtigen Unterschied zwischen dem rein rezeptiven Bewußtsein (vijnâna, das synonym mit citta oder manas Denken, Denkorgan gebraucht wird) und den Triebkräften betont Milinda p. 77. Auf die Frage »Wodurch erinnert man sich« antwortet Nâgasena: »Durch das Funktionieren des Dharma ›Sich-Erinnern‹«. Der König entgegnet darauf erstaunt: »Wieso denn nicht durch das Denkorgan?« Der Weise erwidert: »Hast du schon einmal etwas vergessen? Fehlte dir damals das Denkorgan?«

Wenn ein Bewußtsein aufspringt, dann entstehen zugleich noch andere Dharmas: Berührung (Sinneskontakt), Empfindung, Unterscheidungsvermögen (von Wahrnehmungen und Vorstellungen), bewußtes Wollen, Gedanken-Erfassung und Erwägung. Die einzelnen Dharmas werden folgendermaßen durch Gleichnisse erläutert: Der Sinneskontakt gleicht dem Klatschen, das durch das Zusammenschlagen einer Hand (Sehorgan) mit einer anderen (Sehobjekt) zustande kommt, das Unterscheidungsvermögen ist gleichsam der Schatzmeister, der die Kostbarkeiten eines Königs als blaue, gelbe, rote Gegenstände wahrnimmt und sortiert, das Bewußtsein ist der Wächter, der den Verkehr einer Stadt überschaut, die Gedanken-Erfassung (vitarka) gleicht dem Anschlagen eines Kupferkessels, das Erwägen dem Nachklingen dieses Geräuschs. *(Mil p. 60)* Oder „Erfassen" ist nach Buddhaghosa *(Vism p. 142)* das Anfassen eines Gefäßes, „Erwägung" das gründliche Auswischen desselben.

Diese einzelnen Dharmas lassen sich zwar theoretisch unterscheiden, aber praktisch nicht voneinander absondern, genau so, wie man aus einem Curry nicht den Saft, das Salz, den Kümmel und die anderen Gewürze herausziehen kann. *(Mil p. 63)*

Der Gruppe „Körperliches" (rûpa) werden die vier anderen Gruppen unter der alten Bezeichnung „nâman" (eigentlich „Namen") gegenübergestellt. Die letzteren umfassen also die unsichtbaren, geistigen Dharmas. Nâma-rûpa, gewöhnlich wörtlich mit „Name und Gestalt" übersetzt, bezeichnet die Individualität eines Wesens, seine Geist-Leiblichkeit. Das Geistige und das Leibliche an einem Wesen treten stets zusammen auf, weil sie sich wie Ei und Dotter gegenseitig bedingen. *(Mil p. 49)*

Das Körperliche und die anderen „Gruppen", keines von diesen ist ein Selbst. Wäre das Körperliche (und ebenso eines von den anderen) ein Selbst, so wäre es nicht der Krankheit zugänglich, und einer müßte es erreichen können, daß sein Körperliches so ist oder so nicht ist. Weil aber das Körperliche usw. kein Selbst ist, deshalb ist es der Krankheit zugänglich, und keiner kann erreichen, daß sein Körperliches so ist oder so nicht ist. Ist also das Körperliche usw. beständig oder unbeständig? (Antwort: »unbeständig«) Was aber unbeständig ist, ist das Leid oder Freude? (Antwort: »Leid«) Was aber unbeständig, leidvoll, dem Gesetz des Vergehens unterworfen ist, kann man davon die Anschauung gewinnen: »Das ist mein, das bin ich, das ist mein Selbst?« (Antwort: »Nein!«) Folglich: was es immer an Körperlichem usw. gibt in Vergangenheit, Zukunft und Gegenwart, an einem selbst oder außerhalb, sei es grob oder fein, gering oder erhaben, in der Ferne oder in der Nähe, von allem Körperlichem usw. gilt: ›das ist nicht mein, das bin ich nicht, das ist nicht mein Selbst.‹ *(Sa 22, 59)*

Das Körperliche usw. ist kein Selbst. Das, was die Ursache und die Vorbedingung für das Entstehen vom Körperlichen usw. ist, ist auch kein Selbst. Wie könnte da das, was aus etwas, das kein Selbst ist, entstanden ist, ein Selbst sein? *(Sa 22, 20)*

Die praktische Konsequenz aus dieser Lehre, daß es nur in funktioneller Abhängigkeit voneinander stehende, aufspringende und wieder vergehende Dharmas gibt, fassen die folgenden Strophen alter Meister zusammen, die Buddhaghosa *(Vism p. 602, 513)* anführt:

Niemand vollbringt eine Tat,
Niemand den Lohn davon hat,
Nur reine Dharmas rollen hin,
Das ist der Lehre wahrer Sinn.

Kein Brahmâ hat durch seine Macht
Dies Dasein hier hervorgebracht,
Nur reine Dharmas sich bedingen,
Die vielen Ursachen entspringen.

Das Leid ist, niemand ist, in dem's entsteht,
Die Tat ist, doch kein Mensch, der sie begeht,
Nirvâna ist, doch keiner, der verweht,
Der Weg ist, aber keiner, der ihn geht.

Die Asketen und Brahmanen, welche in dieser oder jener Weise ein Selbst annehmen, die nehmen alle an, es sei die Gesamtheit der fünf durch den Daseinshang bedingten „Gruppen" oder es sei eine von diesen. Der Weltling hält das Körperliche, die Empfindung usw. für ein Selbst, oder er glaubt, daß das Selbst mit Körperlichem usw. versehen sei, oder daß das Körperliche usw. ein Selbst sei, oder daß das Selbst im Körperlichen usw. sei. *(Sa 22, 47, 4)*

Die falsche Vorstellung, daß die eine oder die andere „Gruppe" von den anderen isoliert existiere und das wahre Selbst einer Persönlichkeit darstelle, widerlegen die folgenden Ausführungen:

Wenn die drei Faktoren: Lebenskraft, Wärme und Bewußtsein, den Körper verlassen, dann liegt er beiseite geworfen da, eine leblose Speise für andere. *(Sa 22, 95, 15, 4)* Genau so, wie wenn jemand sagen würde: bei dieser brennenden Lampe sind zwar das Öl, der Docht und die Flamme veränderlich und vergänglich, ihr Schein aber ist ewig, unveränderlich und unvergänglich – oder: bei diesem Baum sind zwar Wurzel, Stamm und Laub veränderlich und vergänglich, der Schatten aber ist ewig, unveränderlich und unvergänglich, genau so ist es, wenn jemand behaupten wollte: die äußeren Gegenstände des Sehens und der anderen Sinne sind veränderlich und vergänglich, was ich aber in Abhängigkeit von ihnen an Angenehmem, Unangenehmem und Indifferentem empfinde, ist ewig, unveränderlich und unvergänglich. *(M 146 III p. 273 f.)* Ein Mönch hatte die Lehre dahin verstanden, daß er meinte: »Ein und dasselbe Bewußtsein läuft in der Wandelwelt unveränderlich umher.« Der Erhabene verwies ihn: »Habe ich nicht immer wieder gelehrt: das Bewußtsein ist bedingt entstanden, ohne eine Voraussetzung findet keine Entstehung eines Bewußtseins statt. In Abhängigkeit von einem Auge und von Formen entsteht ein Bewußtsein, das nennt man Sehbewußtsein (entsprechend wird auch die Entstehung des Hör-, Riech-, Körperempfindungs- und Denkbewußtseins erklärt). So wie Feuer, je nachdem es durch Holz, Gras usw. brennt, als Holzfeuer oder Grasfeuer bezeichnet wird, so wird auch das Bewußtsein nach dem bezeichnet, in Abhängigkeit wovon es entsteht. *(M 38 III p. 258)*

Dieses Geschlecht haftet an der Ich-Vorstellung und ist der Vorstellung „ein Anderes" ergeben. Das haben einige nicht erkannt und nicht gesehen, daß dies der Stachel (aller leidvollen Existenz) ist. Für den aber, der den Stachel sieht, gibt es nicht die Vorstellung „*ich handle*" oder „*ein anderer handelt*". *(U 6, 6 Ende)*

Es gibt kein beharrendes Selbst

Der Weise Nâgasena sagte zum Griechenkönig Milinda, als er ihn fragte, wer er sei: »Ich bin als Nâgasena bekannt, das ist aber nur ein Name, eine Benennung, eine landläufige Bezeichnung, denn eine Persönlichkeit wird dadurch nicht erfaßt.« Darauf sagte der König: »Wenn es keine Person gibt, wer ist es dann, der euch Kleidung und Speise spendet, oder der Gebrauch davon macht? Wer ist es dann, der tötet, stiehlt oder tugendhaft lebt? Dann gäbe es keine guten und bösen Taten und keine karmische Vergeltung für diese. Wer ist dann dieser Nâgasena? Sind es die Haare, Zähne, Knochen usw. oder Gefühl, Wahrnehmung, Triebkräfte, Bewußtsein? Oder alles dieses zusammengenommen? Oder gibt es einen Nâgasena außerhalb der 5 Gruppen von Daseinsfaktoren (d. h. eine Seele, die Eigentümerin dieser Dinge wäre)?« Als der Weise alle diese Fragen mit »Nein« beantwortet hatte, sagte der König schließlich: »Dann existiert also überhaupt kein Nâgasena.« Da fragte der Philosoph den Herrscher: »Ist die Deichsel, die Achse, sind die Räder usw. der Wagen, oder ist dies alles zusammen der Wagen, oder gibt es einen Wagen außerhalb von seinen Teilen? Es gibt also keinen Wagen!« Da sah der König ein: »In Abhängigkeit von Deichsel, Achse, Rädern usw. entsteht der Name, die Benennung, die landläufige Bezeichnung ›Wagen‹.« Der Weise aber schloß mit den Worten, die schon die Nonne Vajirâ in Anwesenheit des Erhabenen gesprochen hatte *(Sa 5, 10, 6)*: »Wie bei dem Zusammentreffen von bestimmten Bestandteilen das Wort ›Wagen‹ gebraucht wird, so wird auch, wenn die fünf Gruppen von Daseinsfaktoren da sind, die konventionelle Bezeichnung ›Person‹ gebraucht.« *(Mil p. 25 ff.)*

Da diese Lehre einen hohen Stand philosophischer Besinnung zur Voraussetzung hat, hat sie Buddha nicht jedem erklärt:

Der Asket Vatsagotra (Vacchagotta) fragte den Erhabenen: »Gibt es ein Selbst?« Der Erhabene aber schwieg. »Oder gibt es kein Selbst?« Und der Erhabene schwieg abermals. Da ging Vatsagotra von dannen. Der Jünger Ânanda aber fragte den Erhabenen, warum er die Frage des Asketen nicht beantwortet habe. »Hätte ich, lieber Ânanda, gesagt: ›Es gibt ein Selbst‹, so wäre ich mit den Vertretern der ›Ewigkeitslehre‹ einer Meinung gewesen; hätte ich gesagt: ›Es gibt kein Selbst‹, so wäre ich mit den Vertretern der ›Vernichtungslehre‹ einer

Meinung gewesen. Hätte ich gesagt: ›Es gibt ein Selbst‹, so hätte meine Antwort nicht der Erkenntnis entsprochen: ›Alle „Dinge" (dharma) sind ohne Selbst‹; hätte ich aber gesagt: ›Es gibt kein Selbst‹, so wäre der verblendete Vatsagotra noch verblendeter geworden und hätte gedacht: ›Früher hatte ich ein Selbst, jetzt aber habe ich keines mehr‹.« *(Sa 44, 10)*

Der Erhabene nahm ein Klümpchen Kuhmist in die Hand und sagte: »Wenn es auch nur so wenig Selbsthaftigkeit gäbe, die unvergänglich, beständig, ewig, unveränderlich wäre und ewiglich so bliebe, so würde die Führung eines heiligen Wandels für die Vernichtung des Leidens nicht möglich sein. Weil es dies aber nicht gibt, ist die Führung des heiligen Wandels möglich.« *(Sa 22, 96, 16)*

Die ganze buddhistische Heilslehre beruht auf der Anschauung, daß *alle* bedingten Faktoren (dharma), welche durch ihr Zusammenwirken ein Lebewesen bilden, aufhebbar, also kein Selbst sind; wäre auch nur einer dieser Faktoren ewig und unvergänglich, so wäre eine Erlösung undenkbar.

So gibt es kein beharrendes Individuum, sondern nur eine kontinuierlich sich fortsetzende Kette von Momentanexistenzen.

Genau so wie mit dem Körper, der jeden Augenblick infolge der Nahrungsaufnahme und des Stoffwechsels aus anderer Materie besteht, ist es auch mit dem, was andere Lehren Seele (jîva) oder Geist nennen. Auch die Gesamtheit der immateriellen Faktoren, also das, was wir in seiner Gesamtheit „psychisches Leben" nennen, ist einem dauernden Wechsel unterworfen, indem dauernd wirkende Kräfte vergehen und neu entstehen. Wie ist es dann aber möglich, daß nach dem Tode eines Individuums ein neues Individuum entsteht, das die Erbschaft von dessen Karma antritt? Zutiefst davon überzeugt, daß diese Welt einer sittlichen Ordnung unterworfen ist, lehrt Buddha, daß keine moralisch bedeutsame gute oder böse Kraft (dharma) ohne Wirkung vergehen kann. Sie wird zur Ursache einer neuen Existenz. Dies geschieht auf Grund des „Gesetzes vom Entstehen in Abhängigkeit", das das Kernstück der buddhistischen Welterklärung darstellt. Es folgen daher zunächst einige Stellen über die Bedeutung dieses Gesetzes und dann wird dieses in seiner Anwendung auf die Lehre von der Wiedergeburt besprochen werden.

Ob Vollendete aufgetreten sind oder nicht, fest steht dieses Grundprinzip, diese Gesetzmäßigkeit, diese gesetzliche Notwendigkeit: das Bedingtsein des einen durch ein anderes. Dies erkennt und durchschaut ein Vollendeter, und wenn er es erkannt und durchschaut hat, so teilt er es mit, zeigt es, legt es dar, stellt es fest, enthüllt es, zergliedert es und macht es offenbar. *(Sa 12, 20, 3)*

Tief ist dieses Gesetz von dem ›Entstehen in Abhängigkeit‹. Weil es dieses Gesetz nicht kennt, versteht und begreift, ist dieses Geschlecht wirr geworden wie ein Garnknäuel und kommt über den Sansâra nicht hinaus. *(Sa 12, 60, 4)*

Ein unterrichteter Jünger überdenkt gründlich das ›Entstehen in Abhängigkeit‹, indem er sich vergegenwärtigt: ›Wenn dieses ist, wird jenes, infolge der Entstehung von diesem entsteht jenes; wenn dieses nicht ist, wird jenes nicht, durch die Aufhebung von diesem wird jenes aufgehoben.‹ Dies ist die „edle Methode", die er mit Erkenntnis geschaut und völlig durchdrungen hat. *(Sa 12, 41, 15 f.)*

Die buddhistische Kausalitätstheorie lehrt, daß nichts aus sich selbst (durch Entfaltung) oder durch ein anderes Selbst (Einwirkung eines überweltlichen Gottes) oder durch einen bloßen Zufall entstehen kann. Alle vergänglichen Daseinsfaktoren (dharma) entstehen vielmehr, nachdem sie vorher nicht da waren, in funktioneller Abhängigkeit von anderen. An vielen Stellen wird einfach davon gesprochen, daß ein dharma die Ursache, der Anstoß, die Vorbedingung, der Nährboden für die Entstehung eines anderen ist. Dabei ist die selbstverständliche Voraussetzung, daß auch der dharma, der einen anderen zum Entstehen brachte, selbst wieder auch in Abhängigkeit von einem anderen aufgesprungen ist. Dies ist z. B. bei dem Nichtwissen um die Heilswahrheit der Fall, das zwar seit anfangsloser Zeit die Ursache des Sansâra ist, jeweils aber wieder durch schlechtes Tun bedingt wird. Anderwärts wird hingegen dargelegt, daß zwei oder mehr Faktoren notwendig sind, um einen neuen Faktor zu erzeugen; so kommt bei einem Muschelhorn ein Ton nur zustande, wenn ein Bläser, ein Akt desselben und Luft vorhanden sind *(D 23, 19)*, ebenso sind für das Gedeihen einer Pflanze Erdboden, Same und Feuchtigkeit erforderlich. Die Wiedergeburt eines

Verstorbenen ist nur möglich, wenn sein Bewußtseinsstrom sich fortsetzt, wenn er durch seine Willensregungen Karma geschaffen hat, wenn der Embryo durch den mütterlichen Organismus Nahrung erhält und wenn er in Berührung mit der Welt tritt. Ein stetiges Weiterfließen von Bewußtwerden, Wollen und In-Kontakt-Kommen mit den Sinnesobjekten ist für die Weiterexistenz eines Lebewesens ebenso unerläßlich wie die unaufhörliche Aufnahme von Nahrung, zu welcher auch Licht, Wärme, Düfte usw. gerechnet werden. Die spätere Dogmatik lehrt, daß nur ein Zusammenwirken von vielen dharmas einen neuen dharma entstehen lassen kann. Wo nur ein dharma genannt wird, soll mit diesem nur die Hauptursache der weiteren Entwicklung hervorgehoben werden. Diese Erklärung soll namentlich für die Formel vom ›Entstehen in Abhängigkeit‹ im engeren Sinne gelten, welche das bedeutendste Lehrstück der alten Zeit darstellt, weshalb der ganze Pâli-Kanon mit ihr anhebt.

Ein erster Beginn des Nichtwissens (um die Heilswahrheit) läßt sich nicht erkennen, so daß man sagen könnte: »Vordem war es nicht, es ist erst seither entstanden.« Und doch hat es eine Ursache (wörtlich: Nahrung): die fünf Hemmungen (Lustbegier, Übelwollen, Trägheit, innere Unruhe, Zweifelsucht). Diese haben als Ursache schlechten Wandel in Gedanken, Worten und Werken. Der schlechte Wandel hat als Ursache die Zügellosigkeit der Sinne, diese hat als Ursache Unbedachtsamkeit und geistige Unklarheit. Die Ursache von diesen ist ungründliches Nachdenken, die Ursache davon ist Unglaube. Der Unglaube hat als Ursache das Hören einer schlechten Lehre, die Ursache davon ist der Umgang mit schlechten Menschen. *(A 10, 61, 1)*

So wie durch das Reiben von zwei Hölzern Hitze erzeugt wird und Feuer entsteht, so wird infolge einer Berührung mit etwas, das als angenehm empfindbar ist, eine angenehme Empfindung hervorgebracht. *(Sa 12, 62, 12)* Gier entsteht durch etwas Reizvolles und ungründliches Nachdenken. *(A 2, 11, 6)* Eine richtige Anschauung entsteht durch die Stimme eines anderen und eigenes gründliches Nachdenken. *(A 2, 11, 9)*

Bedingt durch ein Auge und durch Sehobjekte entsteht Seh-

bewußtsein. Die Verbindung der drei ist die „Berührung".
(Sa 12, 43, 4)

Diese vier Nahrungen (Ursachen) bewirken die Erhaltung von Wesen, die geboren worden sind, und die Förderung (des Entstehens) von solchen, die geboren zu werden suchen: 1. grobe und feinstoffliche Speise, 2. Berührung, 3. bedachtes Wollen und 4. Bewußtsein. *(Sa 12, 12, 2)*

Das „Entstehen in Abhängigkeit" will ich euch darlegen: Durch (1) *Nichtwissen* als Vorbedingung entstehen (2) *karmagestaltende Triebkräfte,* durch Triebkräfte (3) ein *Bewußtsein,* durch ein Bewußtsein (4) eine *geistigleibliche Individualität,* durch eine Individualität (5) die *sechs Sinne* (die fünf Sinne und der Denksinn, das rezeptive Bewußtsein), durch die sechs Sinne (6) *Berührung* (Bewußtseinseindruck), durch Berührung (7) *Empfindung,* durch Empfindung (8) *Gier* (Durst), durch Gier (9) *Lebenshang,* durch Lebenshang (10) *karmisches Werden,* durch Werden (11) *Wiedergeburt,* durch Wiedergeburt (12) *Altern, Sterben, Kummer, Wehklagen, Leid, Gram und Verzweiflung.* So ist die Entstehung dieser ganzen Masse von Leiden. *(Sa 12, 1)*

Die Erwägungen, auf Grund deren Buddha zur Aufstellung dieser Formel kam, werden folgendermaßen beschrieben *(vergl. D 15, 2):*

Vor meiner Erleuchtung, als ich noch ein Bodhisattva war, kam mir der Gedanke: ›Dem Elend ist die Welt preisgegeben. Man wird geboren, altert, stirbt, scheidet aus dem Dasein und wird wiedergeboren. Und ein Entrinnen aus diesem Leid ist nicht abzusehen. Sicherlich wird sich ein Ausweg aus diesem Leid, aus Altern und Sterben finden lassen.‹ – Da kam mir der Gedanke: ›Was muß vorhanden sein, damit Altern und Sterben eintritt, was bedingt Altern und Sterben?‹ Da gewann ich durch gründliches Nachdenken die Einsicht: ›Wenn Geburt vorhanden ist, kommt es zu Altern und Sterben, durch Geburt bedingt sind Altern und Sterben.‹ Da kam mir der Gedanke: ›Was muß vorhanden sein, damit eine Geburt eintritt, was bedingt eine Geburt?‹

In derselben Weise wird dann jedes folgende Glied der Kette auf das vorhergehende zurückgeführt. Dann heißt es:

›So ging mir hinsichtlich früher nicht gehörter „Dinge" (dharma) das Auge auf, das Verständnis, die Erkenntnis, das Wissen, das Licht auf.‹ – Da kam mir der Gedanke: ›Was darf *nicht* vorhanden sein, damit kein Altern und Sterben eintritt; durch Aufhebung wovon erfolgt die Aufhebung von Altern und Sterben?‹ Da gewann ich durch gründliches Nachdenken die Einsicht: ›Wenn Geburt *nicht* vorhanden ist, kommt es nicht zu Altern und Sterben; durch Aufhebung der Geburt erfolgt die Aufhebung von Altern und Sterben.‹

In entsprechender Weise wird dann die Aufhebung jedes Gliedes der Kette aus der Aufhebung des es bedingenden erklärt, so daß schließlich die Aufhebung des Nichtwissens die Aufhebung aller Glieder zur Folge hat. *(Sa 12, 10)*

Nach der überlieferten, aber nicht in den Lehrreden selbst gegebenen Erklärung soll die Formel die Entstehung eines gegenwärtigen Lebewesens aus den in der vorhergehenden Existenz geschaffenen Voraussetzungen und das Hervorwachsen eines zukünftigen Lebewesens aus den in diesem Dasein geschaffenen Vorbedingungen zur Darstellung bringen. Die von mir mit 1 und 2 bezeichneten Glieder sollen sich auf die vorige Existenz, die Glieder 11 und 12 auf die Zukunft beziehen, während die übrigen das Entstehen des heutigen Wesens im Mutterleib und seinen Lebensprozeß beschreiben. Das durch Nichtwissen und karmische Kräfte des vorigen Daseins entstehende „Bewußtsein" bildet danach den Kern des heutigen Lebewesens, die Taten (karma) desselben sind das „Werden", welches bei dem künftigen Lebewesen als Geburt, Altern, Sterben usw. in die Erscheinung treten wird. Der Angelpunkt der Theorie besteht also darin, daß nicht eine ewige, unveränderliche Seele den toten Leib verläßt und in einen neuen Mutterschoß eingeht, sondern daß eine neue, ein scheinbares Individuum bildende Kombination von Daseinsfaktoren gesetzmäßig den Strom bewußten Lebens fortsetzt, der sich bisher in dem Verstorbenen manifestiert hatte. Die folgenden Stellen erläutern diese Anschauung.

Behauptet man ›*derselbe* vollbringt eine Tat (karma) und *derselbe* erntet den Lohn dafür‹, so ist dies das eine Ende (die Theorie, welche ein ewiges Ich annimmt); behauptet man ›ein *anderer* vollbringt eine Tat und ein *anderer* erntet den Lohn dafür‹, so ist dies das andere Ende (die Theorie, nach welcher die Wesen zunichte werden und keine Vergeltung stattfindet). Diese beiden Enden vermeidet der Vollendete und verkündet in der Mitte die Lehre (von der Entstehung aller vergänglichen Dharmas in Abhängigkeit von anderen). *(S. 12, 46, 3 f.)*
›Wer ist es, der „berührt", „empfindet", „giert"?‹ – Diese Frage ist nicht richtig. Ich sage nicht ›er berührt‹ usw. Richtig ist nur die Frage ›Aus welcher Voraussetzung ist eine Berührung da?‹ usw. *(Sa 12, 12, 4)*
Das, was einer will, was er sich vornimmt, das wird zur Grundlage für das Fortbestehen des Bewußtseins. Wenn das Bewußtsein fortbesteht und wächst, so kommt es zu einer Wiedergeburt. Wenn einer aber nichts will, nichts beabsichtigt, nichts sich vornimmt, so wird nichts zur Grundlage für das Fortbestehen des Bewußtseins. Dann kommt es zu keiner Wiedergeburt. *(Sa 12, 38)* Wenn ein unwissender Mensch sich betätigt, d. h. eine verdienstliche oder schuldvolle gestaltende Triebkraft (sanskâra) hervorbringt, dann ist das Bewußtsein mit Verdienst oder Schuld versehen. Wenn aber bei einem Mönch das Nichtwissen vernichtet und das Wissen entstanden ist, dann bringt er weder verdienstliche noch schuldvolle gestaltende Kräfte hervor. Dann hängt er an nichts mehr in der Welt, begehrt (dürstet) nicht mehr und erreicht das Nirvâna. *(Sa 12, 51, 12 f.)* Die Tat (karma) ist der Erdboden, das Bewußtsein das Samenkorn, die Gier die Feuchtigkeit. Das Bewußtsein der vom Nichtwissen gehemmten, von Gier gefesselten Wesen findet in einer der drei Sphären der Existenz eine Stätte. Wenn es nicht Taten gäbe, die in einer der drei Sphären reifen müssen, gäbe es nicht das „Werden" (das Wie-

Die Lehre 83

dergeborenwerden zu einem Wesen) in einer dieser drei Sphären. *(A 3, 76)*

Der König Milinda sagte zum weisen Någasena *(Mil p. 40, 46)*: »Wenn einer wiedergeboren wird, ist es dann derselbe (der starb) oder ist es ein anderer?« Någasena antwortete: »Weder derselbe noch ein anderer. So wie der Säugling nicht derselbe wie der Erwachsene ist, wie die Flamme in der ersten Nachtwache nicht dieselbe ist wie die der mittleren oder der letzten Nachtwache, so wie die frische Milch nicht identisch ist mit der dicken Milch, so ist der Verstorbene nicht derselbe wie der Wiedergeborene, und doch reiht sich eine Kette von Dharmas in ungebrochener Kontinuität aneinander.«

Der König: »Was wird dann wiedergeboren?« Der Weise: »Eine Geist-Leiblichkeit« (nâmarûpa). Durch die gegenwärtige Geistleiblichkeit wird ein gutes oder böses Karma geschaffen und durch dieses Karma kommt eine neue Geistleiblichkeit zustande. Es ist damit so wie wenn einer einem andern Mangofrüchte gestohlen hat und sich damit entschuldigen wollte, die Früchte seien etwas anderes als die vom Besitzer früher gepflanzten Mangos. Und doch sind die gestohlenen Mangos in ungebrochener Kontinuität aus den früheren Mangos hervorgegangen. Andere Beispiele für diese Kontinuität sind: das Feuer, das jemand vergaß auszulöschen und das ein fremdes Feld verbrennt, oder das kleine Mädchen, das sich einer durch Hinterlegung des Brautgeldes als Frau gesichert hat und das dann, wenn es volljährig geworden ist, einem anderen vermählt wird, weil ja die vollerblühte Jungfrau nicht mit dem Kind identisch ist.

Wie kann sich die Wiedergeburt vollziehen, ohne daß etwas (eine Seele) herüberwandert? Genau so wie wenn man ein Licht an einem anderen anzündet, oder wie ein Vers, der vom Lehrer aufgesagt wurde, von den Schülern nachgesprochen wird. *(Mil p. 71)*

5
LEID UND LEIDENSCHAFT

Die Predigt von Benares

Dies ist die edle Wahrheit vom Leiden: Geburt ist leidvoll, Altern ist leidvoll, Krankheit ist leidvoll, Sterben ist leidvoll. Mit Unlieben vereint zu sein ist leidvoll, von Lieben getrennt zu sein ist leidvoll, und wenn man etwas, das man sich wünscht, nicht erlangt, auch das ist leidvoll – kurz, die fünf „Gruppen" von Daseinsfaktoren, die durch den Lebenshang bedingt sind, sind leidvoll.
Dies ist die edle Wahrheit von der Entstehung des Leidens. Es ist der Durst (die Gier), der die Wiedergeburt hervorruft, der von Freude und Leidenschaft begleitet ist, der hier und dort seine Freude findet, der Durst nach Sinnenlust, der Durst nach Werden, der Durst nach Entwerden.
Dies ist die edle Wahrheit von der Aufhebung des Leidens: Es ist eben dieses Durstes Aufhebung durch völlige Leidenschaftslosigkeit, das Aufgeben, Sich-Entäußern, Sich-Loslösen, Sich-Befreien von ihm.
Dies ist die edle Wahrheit von dem zur Aufhebung des Leidens führenden Wege. Es ist dieser edle achtgliedrige Pfad, nämlich: rechte Anschauung, rechte Gesinnung, rechtes Reden, rechtes Handeln, rechtes Leben, rechtes Streben, rechtes Überdenken, rechtes Sich-Versenken. *(Sa 56, 11, 5)*
»Drei Arten von Empfindungen gibt es, hat der Erhabene gesagt: die lustvolle, die leidvolle und die, welche weder lustvoll noch leidvoll ist. Der Erhabene hat aber auch gesagt: Was auch immer empfunden wird, das gehört zum Leiden.« – »Gewiß, Mönch, das habe ich beides gesagt. Wenn ich sagte: was auch immer empfunden wird, das gehört zum Leiden, so habe ich das gesagt, weil alle bedingten Daseinsfaktoren dem Dahinschwinden, dem Vergehen unterliegen.« *(Sa 36, 11, 3 f.)*

Die Lehre

Wären die fünf Gruppen von Daseinsfaktoren einseitig leidvoll, so würden sich die Wesen nicht zu ihnen hingezogen fühlen, und wären sie einseitig lustvoll, so würden sich die Wesen nicht von ihnen abgestoßen fühlen können. Weil die Gruppen aber lustvoll sind, fühlen sich die Wesen zu ihnen hingezogen, infolge ihrer Leidenschaft verbinden sie sich mit ihnen, und infolge dieser Verbindung werden die Wesen unrein. Und weil die Gruppen leidvoll sind, fühlen sich die Wesen von ihnen abgestoßen, infolge ihres Überdrusses werden die Wesen frei von Leidenschaft, und durch Leidenschaftslosigkeit werden die Wesen rein. *(Sa 22, 60)*

Die entzückenden, reizenden Gestalten, Töne, Düfte, Geschmäcke und Tastungen sind Gegenstände der Sinnenlust, sie sind selbst aber keine Sinnenlüste. Sinnenlust ist die *Begierde*, die beim Menschen durch seine Absicht hervorgerufen wird. Die schönen Dinge in der Welt bleiben bestehen, die Weisen wenden ihren Willen von ihnen ab. *(A 6, 63, 3)*

Aus dem Willen stammt das Übel, aus dem Willen stammt das Leiden. Durch Beseitigung des Willens erfolgt die Beseitigung des Übels, durch die Beseitigung des Übels erfolgt die Beseitigung des Leidens. *(Sa 1, 34, 3)*

Durch die Gier entsteht das Aufsuchen, durch das Aufsuchen das Erlangen, durch das Erlangen die Entscheidung (darüber, was man mit dem Erlangten machen will), durch den Willen das Sich-daran-Klammern, durch das Sich-daran-Klammern das Ganz-in-Besitz-Nehmen, durch das In-Besitz-Nehmen das Niemand-anderem-Gönnen, durch das Mißgönnen das Bewahrenwollen. Durch das Bewahrenwollen aber entstehen viele böse, unheilvolle Dharmas: Schläge, Wunden, Streit, Zwietracht, Hader, Zank, Verleumdung und Lüge. *(D 15, 9; A 9, 23)*

›Nie zufrieden ist die Welt, nimmer satt, ein Sklave der Gier.‹ Den Sinn dieses Buddhawortes erklärte der Mönch Râshtrapâla (Ratthapâla) dem König der Kurus. »Ist dein

Land nicht reich? Was meinst du aber, Mahârâja, wenn ein zuverlässiger Mann von Osten, Westen, Süden, Norden oder von jenseits des Meeres zu dir käme und dir meldete: ›Ich habe ein großes Land gesehen, dicht bevölkert, mit zahlreichen Elefanten, Rossen, Wagen und Soldaten, mit Schatzkammern voll Elfenbein, Fellen, Gold und mit zahlreichen Weibern. Und es ist möglich, das Land mit einer Heeresmacht von der und der Größe zu erobern.‹ Was würdest du dann tun?« – »Wir würden dann dieses Land erobern und uns dort festsetzen.« – »Eben deshalb hat der Erhabene diesen Ausspruch getan.« *(M 82 II p. 71)*

Der Wille, die Leidenschaft, die Freude, die Gier, durch die einer am Körperlichen und den anderen „Gruppen" von Daseinsfaktoren haftet, das ist das Wesentliche an einem Lebewesen. *(Sa 23, 2, 4)*

Das Vergangene ist das eine Ende, das Zukünftige ist das andere Ende, das Gegenwärtige steht in der Mitte, die Gier aber ist die Nähterin. Denn die Gier knüpft alles zusammen zur Wiedergeburt in dieser oder jener Daseinsform. *(A 6, 61, 3)*

Im letzten Monat der heißen Zeit fiel der Same eines Schlinggewächses an der Wurzel eines Sâl-Baumes nieder. Als die den Baum bewohnende Gottheit hierüber erschrak, trösteten sie ihre Freunde, die anderen Waldgottheiten: »Fürchte dich nicht! Sicherlich wird dieser Same von einem Pfau oder einem Reh gefressen, oder bei einem Waldbrand vernichtet, oder durch Waldarbeiter fortgetragen, oder von Ameisen verspeist werden, oder er wird gar nicht keimen.« Das Samenkorn wuchs aber doch und wurde zu einer zarten Ranke und umschlang den Baum. Da dachte der Baumgott: ›Warum haben meine Freunde eine künftige Gefahr vorausgesehen und mich deshalb getröstet; angenehm ist doch die Berührung mit dieser jungen Ranke.‹ Das Schlinggewächs aber breitete sich immer weiter aus und erstickte schließlich die mächtigen Äste. Da dachte die Baumgottheit: ›Das war also die Gefahr, die meine Freunde vorausgesehen hatten; das Samenkorn ist die Ursache davon, daß ich jetzt Schmerzen erdulden muß.‹ So geht es denen, die glauben, daß an den Sinnengenüssen nichts Böses sei. *(M 45 I p. 306)*

Die meisten Götter und Menschen freuen sich am Werden (Dasein); wird ihnen die Lehre von der Aufhebung des Werdens verkündet, so finden sie an ihr keine Befriedigung. Andere wieder fühlen sich durch das Werden bedrückt und abgestoßen und sehen das Heil im Entwerden und meinen: ›Daß man nach dem Tode restlos zunichte wird und nicht mehr ist, das ist die Ruhe, das höchste Gut.‹ Wie aber sehen die, welche Augen haben, die Sache an? Ein solcher betrachtet das Gewordene als Gewordenes, wendet sich vom Gewordenen ab und bringt es durch Leidenschaftslosigkeit zur Aufhebung. *(It 49)*

Die Vorstellung von der Vergänglichkeit reißt, wenn sie verwirklicht und gefördert wird, alle Gier nach Sinnenlust, nach Körperlichem, nach Dasein aus, reißt alles Nichtwissen aus, reißt allen Ich-Wahn aus, so wie ein Pflug alle Wurzeln ausreißt, oder wie die Sonne alle Finsternis vertreibt. *(Sa 22, 102)*

Die reiche Frau Migâramâtâ kam zum Erhabenen, als ihr eine liebe Enkelin gestorben war. Da fragte er sie: »Würdest du dir so viele Söhne und Enkel wünschen, als Menschen in der Stadt Shrâvastî leben?« »Gewiß, Herr.« »Wie viele Menschen sterben wohl jeden Tag in der Stadt?« »Zehn Menschen, acht ... oder wenigstens ein Mensch.« »Was meinst du, würdest du dann wohl jemals keine Trauer haben? Wer hundertfaches Liebes hat, hat hundertfaches Leid, wer neunzigfaches Liebes hat, hat neunzigfaches Leid ..., wer ein Liebes hat, hat ein Leid. Nur wer kein Liebes hat, hat kein Leid. Ich sage dir, nur der ist ohne Kummer.«

Bei dieser Gelegenheit sprach der Erhabene die folgende Strophe: *(U 8, 8)*

> Die Kümmernisse, Wehklagen und Leiden,
> Die stets erneut in dieser Welt erscheinen,
> Sie sind nur da, solang wir etwas lieben.
> Wenn man nichts liebt, hat man nichts zu beweinen,
> Drum sind *die* glücklich nur und ohne Trauer,
> Die hier auf Erden nicht an etwas hangen.
> Wer frei von Trübsal, frei von Leid will werden,
> Befreie sich von liebendem Verlangen.

Solange Kinder an Sandburgen ihre Freude haben, hängen sie an ihnen. Wenn sie aber die Lust an ihnen verloren haben, zerstören sie sie und spielen nicht mehr mit ihnen. *(Sa 23, 2, 9)*

Ein Knabe spielt auf dem Rücken liegend mit seinem eigenen Unrat, wenn er älter geworden ist, spielt er mit Windmühlchen, Wägelchen und Flitzbogen, und ist er herangewachsen, so ergibt er sich den Genüssen der fünf Sinne. Wird er aber dann von der Heilsverkündung des Vollendeten ergriffen, so sagt er sich: ›Eine drangvolle Enge ist das Leben im Hause, ein Weg des Staubes (der Leidenschaft), der freie Raum ist die Weltentsagung.‹ So wird er denn Mönch, befolgt die edle Zucht, läutert sein Denken, steigt von einer Stufe der Versenkung zur anderen empor und bringt schließlich alle Leidenschaft zum Versiegen. *(A 10, 99)*

Was von der ganzen Welt bis zu den Göttern hin als „Glück" betrachtet wird, das wird von den Edlen der Wirklichkeit gemäß mit vollkommener Erkenntnis als „Leid" angesehen. Und was da von der ganzen Welt als „Leid" betrachtet wird, das wird von den Edlen als „Glück" angesehen. *(Snip 758 f.)*

So wie es auf diesem Kontinent nur wenige Gärten und Felder, aber viele Dschungeln und Berge gibt, so gibt es nur wenige Lebewesen auf dem Lande, aber viel mehr im Wasser; nur wenige, die als Menschen wiedergeboren worden sind, aber viele außerhalb der Menschheit; nur wenige Menschen, die in den mittleren Ländern (wo die Buddhas auftreten) wiedergeboren wurden, aber viele, die in den Grenzländern wiedergeboren wurden, unter ungebildeten Barbaren, wenige Verständige, aber viele Toren, wenige, die die Lehre des Vollendeten vernehmen, aber viele, zu denen sie nicht dringt, wenige, die das, was sie gehört, beherzigen, aber viele, die dies nicht tun, wenige, die um das Heil kämpfen, wenige, die die Erlösung erreichen, aber viele, denen dies nicht beschieden ist. *(A 1, 19)*

6
DER STUFENGANG ZUM HEIL

Das große Meer senkt sich stufenweise, fällt aber nicht plötzlich steil ab. So gibt es auch in dieser Lehre und Zucht eine stufenweise Belehrung, eine stufenweise praktische Anwendung, ein stufenweises Vorwärtsschreiten, und nicht ein plötzliches Gewinnen der Erkenntnis. *(A 8, 19, 11)*

An zahlreichen Stellen des Kanons wird die stufenweise Belehrung, die der Erhabene zu erteilen pflegte, mit folgenden, immer wiederkehrenden Worten beschrieben:

Zuerst lehrte er die Verdienstlichkeit des Spendens, dann sittliches Tun und die Wiedergeburt in einer Himmelswelt als Lohn dafür. Dann machte er das Elende, Üble und Befleckende an den Sinnenlüsten klar und den Vorteil der Entsagung. Sobald er aber erkannte, daß der Hörer geistig reif genug sei, offenbarte er ihm die Hauptlehre der Buddhas vom Leiden, von seiner Entstehung, seiner Aufhebung und vom Pfade. Und so wie ein reines, fleckenloses Gewand vollkommen jede Farbe annimmt, so entstand bei dem Hörer, während er dasaß, das reine, ungetrübte Weisheitsauge. ›Was dem Gesetz des Entstehens unterliegt, alles das unterliegt auch dem Gesetz des Vergehens.‹ *(D 3, 2, 21)*

Wenn ein Goldschmied Gold verarbeiten will, dann befreit er es zuerst durch dreimaliges Waschen von den groben, mittleren und feinen Unreinheiten. Dann schmilzt er es einmal und ein zweites Mal, bis es völlig geläutert, biegsam und für die Verarbeitung zu Schmuckstücken jeder Art geeignet geworden ist. Ebenso muß sich, wer sich um die Geistesschulung bemüht, zuerst von den groben Unreinheiten der schlechten Taten, Worte und Gedanken befreien, dann von den mittleren Unreinheiten der sinnlichen, übelwollenden und grausamen Gedanken, schließlich von den feinen Unreinheiten der Gedanken an seine Familie, seine Heimat und seine Anerkennung durch andere. Ist dies geschehen, so stehen der Vollkommenheit noch die Gedanken an die mit den Versenkungen auftretenden „Dinge" (dharma) im Wege, von welchen sich das Denken noch nicht gelöst hat. Erst wenn das Denken ganz ruhig und gesammelt geworden ist, lassen sich die höheren Erkenntnisse verwirklichen. *(A 3, 100)*

Wenn es oben im Gebirge regnet, dann füllt das herabfließende Wasser zuerst die Bergesklüfte, und nach und nach füllen sich dann die kleinen und die großen Teiche, die kleinen und die großen Flüsse, und schließlich füllt sich der Ozean. So auch bewirkt der Umgang mit guten Menschen das Hören des guten Gesetzes, und nach und nach erwachsen daraus der Reihe nach Glaube, Überlegung, Sinneszügelung, guter Wandel, das vierfache Überdenken, die sieben Glieder der Erleuchtung und schließlich die Wissenserlösung. *(A 10, 61, 6)*

Brahmanen und Hausväter eines Dorfes kamen zum Erhabenen und sagten: »Wir haben folgende Wünsche: Möge unser Haus voll von Kindern sein! Mögen wir uns mit Sandel aus Benares salben! Mögen wir Ketten und Wohlgerüche an uns tragen! Mögen wir Gold und Silber haben! Mögen wir nach dem Tode die Himmelswelt erlangen! Möge der Herr uns die Lehre so darlegen, wie sie für unsereinen paßt!« Da sprach der Erhabene: »Ein edler Laienanhänger stellt folgende Er-

Die Lehre

wägung an: Ich möchte leben und nicht sterben, ich möchte Glück und nicht Leid erfahren. Würde mich jemand des Lebens berauben, so wäre mir das nicht lieb. Und würde ich einen andern des Lebens berauben, so wäre ihm dies nicht lieb. Wie kann ich also einem anderen etwas zufügen, was mir nicht lieb ist? Auf Grund dieser Überlegung tötet er nicht, veranlaßt auch andere nicht zu töten, und preist das Unterlassen des Tötens. Weiterhin stellt ein Laienanhänger die folgenden Erwägungen an: Wenn jemand in diebischer Absicht mir etwas, das ich ihm nicht gegeben habe, fortnähme – wenn einer mit meinen Frauen der Liebe pflegte – wenn einer durch lügnerische Rede mein Vermögen schädigte – mich durch Verleumdung mit meinen Freunden entzweite – mich durch barsche Worte verletzte – mich durch leeres Geschwätz belästigte, so wäre mir dies nicht lieb. Auch einem anderen kann es nicht lieb sein. Auf Grund dieser Überlegung tut er dies alles nicht, veranlaßt auch andere dazu, es nicht zu tun, und preist das Unterlassen dieser Dinge. So ist er völlig rein in Werken und Worten. Besitzt er weiterhin den vollkommenen Glauben an den Buddha, die Lehre, die Gemeinde und die Tugenden, welche den Edlen lieb sind und zur Versenkung führen, so kann er auf Grund dieser sieben „Dinge" (dharma) und vier Vorzüge von sich erklären: ›Vernichtet ist für mich die Möglichkeit einer Wiedergeburt in der Hölle, in tierischem Schoß, in der Gespensterwelt oder in einem sonstigen schlechten Dasein. Ich bin in den Strom des Heils eingetreten und gehe der Erleuchtung entgegen.‹« *(Sa 55, 7)*

Töten, Stehlen, geschlechtliche Ausschreitung, Lügen, Verleumden, Schimpfen, Plappern, Habgier, Übelwollen und falsche Anschauung, das ist das diesseitige Ufer, das Unterlassen von diesen zehn Dingen ist das jenseitige Ufer. *(A 10, 170)*

Furcht und Feindseligkeit in diesem und in einem künftigen Leben ruft hervor und geistiges Leid und Niedergeschlagenheit befällt den, der tötet, stiehlt, geschlechtlich ausschreitet, lügt und sich dem Genuß geistiger Getränke hingibt. *(Sa 12, 41)*

Den Eltern kann man nie das Gute vergelten, das sie uns getan. Selbst wenn man hundert Jahre lang den Vater auf der einen, die Mutter auf der anderen Schulter tragen würde, selbst wenn man sie durch Baden und Massieren pflegen würde ohne Rücksicht darauf, daß sie dabei ihre Notdurft verrichten, selbst wenn man für sie die Herrschaft über die Erde gewänne – nicht hätte man damit vergolten, was sie getan. Denn die Eltern ziehen die Kinder auf, sie ernähren sie und sie zeigen ihnen die Welt. *(A 2, 4, 2 I p. 61)*

Tag und Nacht wächst der Schatz guter Taten (karma) bei denen, welche Gärten und Haine anlegen, Brücken errichten, Brunnen und Wasserleitungen bauen und Heimstätten bereiten. *(Sa 1, 47)*

> Ich hab' die Welt durchstreift und kann bekunden:
> Ich habe niemals jemanden gefunden,
> Dem etwas lieber wäre als sein Selbst.
> Drum soll man keinen quälen und verwunden:
> Er fühlt sich ja mit seinem Selbst verbunden
> Genau wie wir mit unserm eignen Selbst. *(U 5, 1)*

Die Quintessenz der buddhistischen Ethik wird *Dh 183* zusammengefaßt in dem Verse:

> Vermeide jede böse Tat,
> Vermehre guter Werke Saat,
> Beständig läutere den Geist,
> Das ist der Weg, den Buddha weist.

Der achtfache edle Pfad

1. Rechte *Anschauung* ist das Wissen um das Leid, um seine Entstehung und Aufhebung und um den Weg zu seiner Auf-

hebung. 2. Rechte *Gesinnung* ist eine solche, die frei ist von Begierde, Übelwollen und Gewalttätigkeit. 3. Rechtes *Reden* ist das Abstehen von Lüge, Verleumdung, Schimpfen und Schwatzen. 4. Rechtes *Handeln* ist das Unterlassen von Töten, Stehlen und Unkeuschheit. 5. Rechtes *Leben* ist es, wenn man einen schlechten Lebenserwerb (durch Schwindel, Wahrsagerei, gieriges Zusammenraffen, Handel mit Waffen, Lebewesen, Fleisch, berauschenden Getränken, als Schlächter, Vogelsteller, Jäger, Fischer, Räuber, Henker, Gefangenenwärter *(A 5, 177; A 4, 198)* aufgibt und seinen Unterhalt in der richtigen Weise gewinnt. 6. Rechtes *Streben* richtet sich darauf, erstens die schlechten, unheilvollen „Dinge" (dharma, Gemütsregungen), welche noch nicht entstanden sind, nicht entstehen zu lassen und die, welche schon entstanden sind, von sich zu tun, und zweitens die noch nicht entstandenen heilvollen „Dinge" zum Entstehen zu bringen und die, welche schon entstanden sind, zu mehren und zur Vollendung zu bringen. 7. Rechtes *Überdenken* ist die besonnene Betrachtung des Körpers, der Empfindungen, des Denkens und der „Dinge" (dharma). 8. Rechtes *Sich-Versenken* ist das Verweilen in den Versenkungsstufen. *(D 22, 21 II p. 313)*

Die Glieder 1, 2 werden als „Gruppe der Erkenntnis", 3, 4, 5 als „Gruppe der Zucht", 6, 7, 8 als „Gruppe der Versenkung" zusammengefaßt. *(M 44 I p. 301)*

Vier Arten von Menschen gibt es in der Welt. Der eine erstrebt weder eigenes noch fremdes Heil (d. h. sittliche Vervollkommnung): er bekämpft Haß, Gier und Wahn weder bei sich noch bei anderen. Der zweite erstrebt nur das Heil der anderen, aber nicht das eigene: er gibt anderen gute Lehren, die er selbst nicht befolgt. Der dritte erstrebt nur das eigene Heil, nicht das der anderen: er lebt selbst sittlich, belehrt aber nicht die anderen. Der vierte schließlich erstrebt eigenes und fremdes Heil: er führt selbst ein sittliches Leben und hält auch andere zu einem solchen an. Unter diesen Menschen ist der dritte besser als die beiden ersten, der vierte aber ist von allen der erhabenste. *(A 4, 95-99)*

Ein Akrobat ließ seinen Schüler auf die Bambusstange steigen, die er selbst auf der Stirn, Schulter usw. balancieren wollte, und sagte zu ihm: »Jetzt achte auf mich, und ich werde auf dich achten, dann werden wir mit unseren Künsten Erfolg haben.« Da sagte der Schüler: »So geht das nicht, Meister. Achte du auf dich, und ich werde auf mich selbst achten. Das ist das richtige Verfahren.« So sollt ihr auf euch selbst achten, dann achtet ihr zugleich auf die anderen, weil sie eurem guten Beispiel folgen. Indem ihr aber durch Milde, durch Schonung, durch freundliche Gesinnung, durch Mitleid auf die anderen achtet, achtet ihr zugleich auf euch selbst. *(Sa 47, 19)*

Ich lehre das Tun und das Nichttun: das Tun von Gutem und das Nichttun von Bösem. *(A 2, 4, 3 I p. 62)*

Selbst wenn einer die Überreste seines Speisenapfes in einen schmutzigen Pfuhl am Eingang des Dorfes tut, damit die darin lebenden Wesen sich nähren, so bringt dies eine Mehrung des guten Karma, um wieviel mehr ist dies der Fall, wenn man Menschen Gutes tut! *(A 3, 57, 1)* Zu folgenden fünf Zeiten soll man Gaben spenden: wenn einer kommt, wenn einer geht, wenn einer krank ist, in Notzeiten und wenn das erste Korn und die ersten Früchte sich zeigen. *(A 5, 36)* Nicht soll man nur mir und meinen Anhängern Gaben spenden, sondern auch den Anhängern anderer Lehren. *(A 8, 12, 8)*

Zur rechten Zeit, wahrheitsgemäß, sanft, zweckentsprechend und in freundlicher Gesinnung soll man reden. *(A 10, 44, 9)*

Der Minister von Magadha meinte: »Wenn einer von etwas, das er selbst gesehen oder erkannt hat, spricht, so ist das ohne Fehl.« »Nicht sage ich, Brahmane, daß man über alles Gesehene usw. reden oder über alles Gesehene usw. nicht reden soll. Ich sage aber: über das soll man nicht sprechen, wobei einem beim Sprechen die unheilvollen „Dinge" (dharma, Gemütsregungen) wachsen und die heilvollen „Dinge" schwinden. Sprechen soll man aber von dem, wobei die heilvollen „Dinge" wachsen und die unheilvollen schwinden.« *(A 4, 183)*

Ein Weiser von großer Einsicht denkt zugleich an das eigene Heil, an das Heil des andern, an das beiderseitige Heil und an das Heil der ganzen Welt. *(A 4, 186, 4)*

Was es immer an verdienstvollen Werken gibt, sie haben alle nicht den Wert eines sechzehnten Teils der freundlichen Gesinnung gegen alle Wesen, so wie der Glanz aller Sterne nicht den Wert des sechzehnten Teils des Mondscheins hat. *(It 27)*

Auch wenn Räuber und Mörder einem mit einer Säge Glied für Glied abschnitten, wer darüber zornig würde, der handelt nicht nach meiner Lehre. Denn auch in einem solchen Fall sollt ihr euch also üben: ›Nicht soll unser Denken sich verändern, nicht wollen wir ein böses Wort von uns geben, sondern gütig und mitleidig bleiben, voll freundlicher Gesinnung und ohne Haß. Wir wollen diesen Menschen mit von freundlicher Gesinnung erfülltem Geiste durchdringen und von ihm ausgehend die ganze Welt.‹ *(M 21 I p. 129)*

»Er hat gekränkt mich und bekriegt,
Er hat beraubt mich und besiegt«,
Wer solcherlei Gedanken hegt,
In dem die Feindschaft nie sich legt.

»Er hat gekränkt mich und bekriegt,
Er hat beraubt mich und besiegt«,
Wer solches Denken von sich weist,
In dem erlischt des Hasses Geist.

Denn niemals hört im Weltenlauf
Die Feindschaft je durch Feindschaft auf.
Durch Liebe nur erlischt der Haß,
Ein ewiges Gesetz ist das. *(Dhp 3–5)*

So wie ein kräftiger Muschelbläser alle vier Himmelsrichtungen mit dem Schall durchdringt, so durchdringt der Mönch die ganze Welt mit freundlicher Gesinnung, mit Mitleid, mit Mitfreude und mit Gleichmut. *(D 13, 76 ff.)*

Mettasutta *(Snip 146 ff.)*

Die Lebewesen groß und klein,
Ihr Leib sei grob, ihr Leib sei fein,
Sie sei'n beweglich oder nicht,
Ob sichtbar oder außer Sicht,
Von dieser oder jener Art,
In Zukunft oder Gegenwart:
Es werde allen höchstes Heil
Und ihres Herzens Glück zuteil!

Die Mutter schützt den eig'nen Sohn,
Auch wenn ihr Todesqualen drohn.
Solch einer wahren Liebe Geist
Zeigt allem, was lebendig heißt!

Ein Wohlwollen, das unbeschränkt,
Entfaltet still in euch versenkt,
Von Haß und aller Feindschaft frei,
Nach welcher Seite es auch sei.

Gedanken solcher Art stets hegt,
Wenn ihr zum Schlaf euch niederlegt,
Beim Sitzen, Stehen oder Gehn:
Das heißt: im Brahma-Wandel stehn.

Der beste Heilsbrauch *(Snip 258 ff.)*

»Mancher Heilsbrauch wird gepriesen,
Weil ihm reiches Glück entspringt,
Sage: welcher ist's von allen,
Der am meisten Segen bringt?«

> »Wenn für Eltern, Gattin, Kinder
> Man sich einsetzt unbedingt,
> Sie ernährt durch stille Arbeit:
> Dieser Brauch stets Segen bringt.
>
> Wenn man so lebt, daß die Fessel
> Dieses Weltdaseins zerspringt,
> Weil die Wahrheit man begriffen:
> Dieser Brauch stets Segen bringt.
>
> Wenn das Herz bleibt unerschüttert,
> Wo Versuchung es umringt,
> Frei von Leidenschaft und Sorge:
> Dieser Brauch stets Segen bringt.
>
> Wer, sich immer neu besiegend,
> Allseits nach Vollendung ringt,
> Dem ist jede dieser Normen
> Stets ein Brauch, der Segen bringt.«

Wenn vor einem Elefanten beständig andere Elefanten herlaufen, die Spitzen der Gräser abreißen, die Zweige wegfressen, das Wasser trüben, oder wenn die Elefantenkühe sich an seinem Leibe reiben, wenn er zum Baden ins Wasser gestiegen ist, dann wird der Elefant mißgestimmt und er denkt: ›Ich will mich von der Herde trennen und allein bleiben.‹ Und er lebt dann allein, wie es ihm behagt. So auch trennt sich ein Mönch von der Schar der Mönche und Nonnen, Laienanhänger, Fürsten, Beamten und (disputierenden) Irrlehrer, die sonst um ihn sind, und er nimmt seinen Wohnsitz im Wald, an der Wurzel eines Baumes, auf einem Berge, in einer Höhle, auf einem Leichenverbrennungsplatz oder in einem leeren Hause. Dort setzt er sich mit untergeschlagenen Beinen, den Körper gerade aufgerichtet, nieder und widmet sich geistigen Übungen. *(A 9, 40, 1 f.)*

Rechtes *Überdenken* ist das besonnene Betrachten 1. des Körpers, 2. der Empfindungen, 3. des Denkens und 4. der „Kräfte" (dharma).

1. Besonnen atmet der Mönch ein, besonnen atmet er aus. So wie ein geschickter Drechsler weiß: ›ich ziehe lang an‹, ›ich ziehe kurz an‹, so ist der Mönch sich dessen bewußt: ›ich atme lang ein und aus.‹ Und ebenso ist er sich dessen voll bewußt, wenn er geht oder steht, liegt, hierhin oder dorthin blickt, seinen Arm ausstreckt oder einzieht, ißt, trinkt, kaut und schmeckt, Kot und Harn läßt, schläft, erwacht, redet oder schweigt. Und weiterhin betrachtet der Mönch seinen Körper von den Fußsohlen bis zum Scheitel, den hautumschlossenen, der voll ist von Unreinheit, indem er sich vergegenwärtigt: ›In diesem Körper sind Haare, Zähne, Nägel und andere Bestandteile bis hin zu Nasenschleim, Gelenkschmiere und Harn‹, so wie ein sachverständiger Mann bei einem Sack von Körnern feststellt: ›Dies ist Reis, dies sind Bohnen‹ usw. Und weiterhin überdenkt der Mönch: ›In diesem Körper sind vorhanden die Elemente Erde, Wasser, Feuer, Luft‹, so wie ein Schlächter, der ein Rind geschlachtet hat, es in seine einzelnen Teile zerlegt. Und weiterhin, als sähe er einen Leichnam, angeschwollen, in Verwesung begriffen, von Vögeln angefressen, oder nur noch aus weißen Knochen bestehend, oder zu Staub zerfallen, vergegenwärtigt er sich: ›Auch dieser mein Körper ist so.‹ So verweilt er bei der Betrachtung des Entstehens und Vergehens des eigenen oder eines fremden Körpers und überdenkt: ›So ist der Körper.‹

2. Wenn er eine angenehme, unangenehme oder indifferente Empfindung fühlt, eine fleischliche oder eine nicht-fleischliche, ist er sich dessen bewußt: ›Ich fühle diese oder jene Empfindung.‹ 3. Bei der Betrachtung des Denkens (der Gedanken) ist er sich dessen bewußt: ›es ist voll oder frei von Haß, Gier, Wahn, Aufmerksamkeit, Größe, Hoheit, Sammlung, Befreiung.‹ 4. Bei der Betrachtung der „Kräfte" (dharma) vergegenwärtigt er sich die fünf Hemmungen (Lustgier, Übel-

wollen, schläfrige Trägheit, aufgeregte Unruhe, Zweifelsucht) und ist sich dessen bewußt, ob sie in ihm sind oder nicht, wie sie entstehen und vergehen usw. Und ebenso überdenkt er die fünf Gruppen des Anhaftens, die sechs Sinne und ihre Gegenstände und die sieben Glieder der Erleuchtung (Überdenken, Lehre-Ergründung, Kraft, Freude, Ruhe, Versenkung, Gleichmut) und die vier edlen Wahrheiten.
So verweilt er bei diesen Betrachtungen, losgelöst und ohne an irgend etwas in der Welt zu hängen. *(D 22)*

> Die leisen Gedanken, die zarten Gedanken,
> Die noch nicht völlig zum Vorschein kamen,
> Ins Netz der Geburten verstricken sie Toren,
> Die sich vor ihnen in acht nicht nahmen,
> Der Weise erkennt sie in klarer Bewußtheit,
> Er hemmt sie schon, bevor sie erschienen,
> So wie sich der Buddha besonnenen Geistes
> An Einsicht stark befreite von ihnen. *(U 4, 1)*
> Wessen Geist gleich einem Felsen
> Festgegründet, nicht mehr wankt,
> Aller Leidenschaft entronnen
> Nicht mehr zürnt und nicht mehr bangt,
> Wessen Geist so ohnegleichen,
> Wie soll den das Leid erreichen? *(U 4, 4)*

Da das Schicksal des Menschen in erster Linie von seinem Denken abhängt, das Denken aber „biegsam und leicht zu bearbeiten" *(A 1, 3)* ist, hat der Buddhismus ein System von Meditations-Übungen ausgebildet, welche den nach Erlösung Strebenden allmählich von den Grundübeln Sinnenlust, Werdelust und Irrtum befreien und ihm leidenschaftslose Ruhe und wahnzerstörende Einsicht verleihen sollen. Das soeben beschriebene „Überdenken" (genau: Gedenken, Sich-Erinnern) soll die Erkenntnis fördern, daß alle Daseinsfaktoren vergänglich, leidvoll und ohne Selbst sind. Demselben Ziel dienen auch Kontemplationen über die verschiedenen Punkte der Lehre, während andere heilfördernde „Dinge", wie die freundliche Gesinnung gegen alle Wesen, das Mitleid und die Mitfreude sowie den Gleichmut, erwecken sollen. Die „Einspitzigkeit" des Denkens, nämlich seine Konzentrierung auf einen bestimmten Gegenstand, kann eine „Versenkung" herbeiführen, d. h. einen Zustand der Weltentrücktheit, in welchem sich der Meditierende über die „Sphäre der Sinnenlust" zur „Sphäre der reinen Formen" erhebt. Die Texte beschreiben die einzelnen Versenkungsstufen in der Weise, daß sie angeben, welche „Dinge" sich auf ihnen manifestieren können und welche aufgehoben sind. *(M 111, A 9, 31)* Einige von ihnen schildern noch vier weitere Versenkungsstufen, auf welchen der Meditierende zur „Sphäre der Nicht-Formen" vordringt und die „Unendlichkeit des Raumes", die „Unendlichkeit des Bewußtseins", die „Nichtirgendetwasheit" und die „Grenzscheide von Unterscheiden und Nichtunterscheiden" verwirklicht, sowie schließlich die Erlangung eines Zustandes der zeitweiligen „Aufhebung von Unterscheidungsvermögen und Empfundenem". Diese letztgenannten fünf Bewußtseinszustände sind für den Erlösungsprozeß ohne Bedeutung, da der Heilige von der vierten Versenkungsstufe aus die Erlösung erreicht. *(D 16, 6, 9)*

Sobald der Meditierende sieht, daß die fünf Hemmungen geschwunden sind, entsteht in ihm eine frohe Stimmung, dann freudige Verzückung, dann wird sein Körper ruhig, dadurch empfindet er ein Glücksgefühl, und dann sammelt er sein Denken zur Konzentration. Losgelöst von Sinnenlüsten und den unheilvollen „Dingen" (dharma), erreicht er die *erste Versenkung,* die aus der Loslösung geborene, welche durch Erwägen und Erfassen, durch Freude und Glücksgefühl gekennzeichnet ist. Er erfüllt und durchdringt seinen Körper mit der Freude und dem Glücksgefühl, die aus der Loslösung geboren sind, so wie ein Bader einen Seifenball ganz und gar mit Feuchtigkeit durchnäßt.

Dann erreicht er, nachdem er Erwägen und Erfassen zur Ruhe gebracht hat, den inneren Frieden, die Einung des Denkens, die von Erwägen und Erfassen freie, aus der Sammlung geborene, von Freude und Glücksgefühl begleitete *zweite Versenkung.* Er erfüllt und durchdringt seinen Körper mit Freude und Glücksgefühl, die aus der Sammlung geboren

Die Lehre 101

sind, so wie ein kühler Quellstrom einen nur von ihm gespeisten See ganz und gar durchflutet.
Nachdem er sich von der Freude freigemacht hat, verharrt er gleichmütig, besonnen und vollbewußt und empfindet mit dem Körper ein Glück, wie es die Edlen in die Worte fassen: ›Er ist gleichmütig, besonnen und verweilt im Glück.‹ So erreicht er die *dritte Versenkung*. Er erfüllt und durchdringt seinen Körper mit einem freudefreien Glücksgefühl, vergleichbar dem kühlen Wasser, das eine unter dem Wasserspiegel blühende Lotosblume ganz und gar umspült.
Nach dem Aufgeben von Glück und Leid, nachdem Frohsinn und Trübsinn vergangen, erreicht er die von Glück und Leid freie *vierte Versenkung,* die rein ist durch Gleichmut und besonnenes Überdenken. Er durchdringt seinen Körper mit reinem geläutertem Denken und sitzt da wie einer, der vom Kopf bis zu den Füßen mit weißen Gewändern bedeckt ist. *(D 2, 75-82)*
Und bei allen Versenkungen weiß er, welche „Dinge" (dharma, Gemütszustände) bei ihnen entstehen, bestehen und vergehen. Und er erkennt: diese „Dinge" entstehen, nachdem sie vorher nicht waren, und wenn sie da sind, werden sie erfahren. Ohne Zuneigung und Abneigung gegen diese „Dinge" verharrt er losgelöst mit ungefesseltem Denken. *(M 111)*
Schließlich richtet er sein Denken auf die Erkenntnis der Vernichtung der schlechten „Einflüsse". Er erkennt die edlen vier Wahrheiten und erlöst sein Denken von Sinnenlust, Werdelust und Nichtwissen. ›Im Erlösten ist die Erlösung.‹ Dieses Wissen ist ihm jetzt geworden, und er erkennt: ›Aufgehoben ist die Wiedergeburt, vollendet der heilige Wandel, getan ist, was zu tun war, nach diesem Leben gibt es kein anderes.‹ *(D 2, 97)*

7
DAS NIRVÂNA

Von allen bedingten „Dingen" (dharma) ist der edle achtgliedrige Pfad die Spitze. Von allen bedingten und nicht bedingten aber ist die Leidenschaftslosigkeit die Spitze, die Vernichtung der Gier, die Aufhebung, das Nirvâna. *(A 4, 34, 1 f.)*
Die Vernichtung von Gier, Haß und Wahn ist das „Nicht-Bedingte". *(Sa 43, 1, 2)*
Wenn einer die restlose Vernichtung von Gier, Haß und Wahn empfindet, dann ist das Nirvâna schon in diesem Leben verwirklicht. *(A 3, 55)*
Zwei Arten des Nirvâna gibt es. Das eine ist noch mit einem Rest von Beilegungen, d. h. den fünf Gruppen von Daseinsfaktoren (Seite 71) versehen, gehört dem gegenwärtigen Leben an und besteht in der Vernichtung der zu neuen Existenzen führenden Gier. Das andere ist frei von Beilegungen, tritt in Zukunft (d. h. nach dem Tode) ein und besteht darin, daß alle Möglichkeiten für ein weiteres Werden gänzlich aufgehoben sind. *(It 44)*
Kein Auge, keine Zunge, kein Denken vermag den (mit dem Tode) ins Nirvâna eingegangenen, allem Leid entronnenen Buddha zu erfassen. *(Sa 35, 83)*
Nicht zu berechnen ist das Wasser im Ozean, nicht zu erfassen ist der Vollendete nach dem Tode. Sein Körperliches, seine Empfindungen, sein Unterscheidungsvermögen, seine gestaltenden Kräfte, sein Bewußtsein – alles dies ist mit der Wurzel ausgerissen und unfähig, wieder zu erstehen. Nicht mehr läßt er sich durch eine der fünf Gruppen bestimmen. Tief, unermeßlich, unergründlich ist er wie der große Ozean. *(Sa 44, 1, 29f.)*
Bei einem, der ins Nirvâna eingegangen ist, ist kein Bewußtsein mehr vorhanden, da eine Grundlage für ein solches nicht besteht. *(Sa 4, 23, 19; 12, 38, 4)* Durch die Aufhebung

des Bewußtseins sind auch „Name und Gestalt" (alle geistigen und leiblichen Faktoren, welche ein Individuum bilden) restlos geschwunden. *(Snip 1037)*

Der Erhabene belehrte die Mönche durch eine Rede über das Nirvâna und tat den Ausspruch: »Schwer zu sehen ist das, was ohne Selbst ist, nicht ist die Wahrheit leicht zu verstehen. Für den Wissenden ist die Gier überwunden, für den Sehenden gibt es nicht irgend etwas.« *(U 8, 2)*

Früher erwachte Heilige haben schon gesagt: »Von Krankheit frei sein ist der höchste Besitz, das Nirvâna ist die höchste Wonne.« *(M 75 I p. 110)* Als Shâriputra (Sâriputta) die Mönche unterwies: »Wonne ist das Nirvâna«, fragte ihn Udâyi: »Wie kann dort Wonne sein, wenn dort nichts empfunden wird?« Da sagte er: »Darin besteht dort ja gerade die Wonne, daß dort nichts empfunden wird.« *(A 9, 34, 1-3)*

Kann einer, der das Nirvâna nicht erlangt hat, wissen, daß es ein Glück ist? Gewiß, so wie man wissen kann, daß das Abschneiden der Hände, Füße usw. Leid ist, wenn man die Schmerzensschreie eines so Behandelten gehört hat. Genau so weiß man, daß Nirvâna Glück bedeutet, wenn man den Freudenruf derer vernommen hat, die es erfahren haben. *(Mil p. 69)*

Es ist (das Nirvâna) der Bereich, wo nicht Erde, Wasser, Feuer, Luft ist, wo nicht der Bereich der Unendlichkeit des Raumes oder des Bewußtseins, nicht der Bereich der Nichtirgendetwasheit noch der Grenze von Unterscheidung und Nichtunterscheidung, nicht diese Welt, nicht jene Welt, nicht Sonne und Mond ist. Das nenne ich nicht Kommen und Gehen, nicht Feststehen, nicht Vergehen und nicht Entstehen. Ohne Grundlage, ohne Fortgang, ohne Halt ist es. Dies ist das Ende des Leidens. *(U 8, 1)*

»Wird durch die Lehre des Vollendeten, die zur Verwirklichung des Nirvâna führt, die ganze Welt oder die halbe Welt oder ein Drittel von ihr die Erlösung finden?« »Ich werde dir ein Gleichnis geben, denn auch durch ein Gleichnis verstehen verständige Leute den Sinn einer Rede. Wenn ein zuverlässiger Wächter das einzige Tor einer Stadt bewacht, die keinerlei anderen Eingang hat und nicht einmal ein Loch, durch das eine Katze hindurchkriechen könnte, dann weiß er nicht, wie viele Wesen in die Stadt hereinkommen oder aus ihr herausgehen werden. Aber eines weiß er: daß alle, die hinein- oder herauswollen, durch das eine Tor hindurchmüssen. So beunruhigt sich der Vollendete auch nicht darüber, wie viele erlöst werden werden, denn er weiß, daß alle, die aus der Welt herauskommen oder herauskommen werden, dies nur können, wenn sie die fünf Hemmungen überwunden, die vier Grundlagen des Überdenkens gepflegt und die sieben Glieder der Erleuchtung an sich entfaltet haben.« *(A 10, 95)*

> So wie der Blitz ins feste Felsgestein
> Mit Ungestüm schlägt einen tiefen Spalt,
> So wie vom Wind entfacht des Feuers Strahl
> Zu Asche brennt des Dschungels mächt'gen Wald,
> So wie der Sonne tageshellen Glanz
> Die Nacht vertreibt durch ihres Lichtes Kraft,
> So tilgt der heiligen Erkenntnis Glut
> Das ganze Netz der bösen Leidenschaft. *(Vism p. 698)*

> Ein kurzes irdisches, ein göttlich-langes Leben,
> Der Weise hat es gern für immer aufgegeben,
> Seitdem er fähig war, die Sammlung zu entfalten,
> Hat er das Panzerhemd des Selbst-Werdens durch-
>   spalten. *(U 6, 1)*

> Wer oben, unten, allerseits erlöst ist,
> Der sieht nicht irgendwo mehr ein „ich bin";
> Für immer ist der Daseinsflut entrückt er,
> Und alles Werden ist für ihn dahin. *(U 7, 1)*

> Der Funke, der beim Hammerschlage fortgesprüht
> Und langsam schwindend nach und nach verglüht,

Wir kennen nicht den Weg, den er gegangen –
So ist auch nicht Gewißheit zu erlangen
Darüber, welcher Weg ward dem zuteil,
Der durch die Flut hin ging zum höchsten Heil.
(U 8, 10)

Bei einer Flamme, die ein Windstoß löschte,
Kann man nach ihrem Weitersein nicht fragen,
So läßt sich über den erlösten Weisen,
Der Name und Gestalt abwarf, nichts sagen.
(Snip 1074)

Kein Maß gilt mehr für den, der aufgegeben,
Was sich in ihm zum Einzelsein verwoben,
Wenn alle Dharmas ausgeschaltet wurden,
Ist jeder Pfad der Rede aufgehoben. *(Snip 1076)*

III DIE GEMEINDE UND DER KULTUS

1
DER MÖNCHSORDEN

Die Zufluchts-Formel

Jeder, der sich zum Buddhismus bekennt, tut dies, indem er die folgende Formel dreimal spricht:

> Zum Buddha nehme ich meine Zuflucht,
> Zur Lehre nehme ich meine Zuflucht,
> Zur Mönchsgemeinde nehme ich meine Zuflucht.

Die 10 Mönchsgelübde

Wer in den Orden eintreten will, muß sich feierlich zur Einhaltung der folgenden zehn Vorschriften (shikshâpada) verpflichten, indem er verspricht, sich folgender Vergehen zu enthalten: 1. der Zerstörung lebender Wesen, 2. des Nehmens von etwas, das nicht gegeben worden ist, 3. des unkeuschen Wandels, 4. der lügnerischen Rede, 5. des Genusses berauschender Getränke, 6. des Essens fester Speise nach Mittag, 7. des Tanzes, des Gesanges, der Musik und des Betrachtens von Schauspielen, 8. der Verwendung von Kränzen, Wohlgerüchen und Salben, welche der Verschönerung des Körpers dienen, 9. der Benutzung einer hohen und breiten Lagerstätte, 10. der Annahme von Gold und Silber.

Während die „niedere Weihe", d. h. der Auszug aus dem Weltleben (pravrajyâ), einfach durch das Aussprechen dieser Formeln durch den in ein gelbes Gewand gekleideten, an Haar und Bart geschorenen Kandidaten vor einem Mönch vor sich gehen kann, stellt die höhere Weihe, das „Hingelangen" (upasampadâ) in den Orden einen vor versammeltem Kapitel vollzogenen feierlichen Rechtsakt dar. Der Novize hat dabei seinen Namen und den seines Lehrers zu nennen, sich über den Besitz von Almosenschale und Gewändern auszuweisen und eine Reihe von Fragen wahrheitsgemäß zu

Die Gemeinde und der Kultus

beantworten, durch die festgestellt werden soll, daß keine Hindernisse dem Eintritt in den Orden entgegenstehen. Diese Fragen sind: »Hast du Krankheiten, wie Aussatz, Schwindsucht, Fallsucht?« »Bist du ein Mensch (nicht etwa ein Dämon in Menschengestalt)?« »Bist du ein Mann?« »Bist du dein eigner Herr?« »Bist du frei von Schulden?« »Stehst du nicht in königlichem Dienst?« »Hast du die Einwilligung deiner Eltern?« »Bist du über 20 Jahre alt?« Ist die Beantwortung dieser Fragen befriedigend ausgefallen, so wird nach dreimaliger Wiederholung der Antrag auf Ordination gestellt. Hat die Gemeinde durch Schweigen ihre Zustimmung erteilt, so wird der Novize zum vollberechtigten Mitglied der Gemeinde proklamiert und durch Verkündung des Datums des Tages seine geistige Ancienität festgestellt. Zum Schluß werden dem Neuaufgenommenen noch einmal die strengen Regeln des Mönchslebens eingeschärft und die großen Vergehen genannt, welche unweigerlich die Ausstoßung aus dem Orden zur Folge haben.

Die Reinheit des Ordens wird dadurch aufrechterhalten, daß bei den Uposatha-Feiern an den Neu- und Vollmondstagen die 227 Artikel des „Prâtimoksha", einer Art von Beichtformular, vorgetragen werden. In diesen sind die Sünden aufgeführt, die von dem bekannt werden müssen, der sich einer solchen schuldig gemacht hat.

Auf Wunsch seiner Pflegemutter Mahâprajâpatî schuf Buddha auch einen Nonnenorden. Er scheint dies allerdings mit innerem Widerstreben getan zu haben, weil er *(nach Vinaya, Cullavagga X, 1)* prophezeit haben soll, daß infolge der Unvollkommenheit des weiblichen Geschlechts die reine Lehre, deren Dauer er auf tausend Jahre veranschlagt hatte, jetzt nur fünfhundert Jahre bestehen würde. Strenge Bestimmungen sorgten dafür, daß Mönche und Nonnen voneinander getrennt lebten und die Nonnen in allen Dingen des Rechts, der Verwaltung und der Lehre unter der Aufsicht der Mönche standen.

Diese vier Dinge sind geringfügig, leicht zu erlangen und untadelig: ein Gewand aus Lumpen, Speiseüberreste als Nahrung, die Wurzel eines Baumes als Wohnsitz, Kuhurin als Arznei. Wenn ein Mönch damit zufrieden ist, so übt er wahres Asketentum. *(A 4, 27)*

So wie man eine Wunde salbt, nur damit sie heilt, oder eine Achse schmiert, nur damit sie die Last trägt, so nimmt der

Mönch achtsam Speise zu sich, nicht zum Vergnügen, nicht aus Üppigkeit, sondern nur zur Erhaltung des Körpers, um den heiligen Wandel führen zu können. *(Sa 35, 198, 7)*
»Wie sollen wir Mönche uns den Frauen gegenüber verhalten?« »Nicht ansehen!« »Wenn wir sie aber sehen?« »Nicht mit ihnen sprechen!« »Wenn aber doch mit ihnen gesprochen werden muß?« »Dann ist Besonnenheit nötig.« *(D 16, 5, 9)*
Zwei Enden (Übertreibungen) gibt es, ihr Mönche, von denen sich der, der der Welt entsagt hat, fernhalten muß. Welche beiden? (1) Die Hingabe an die Sinnesgenüsse, denn sie ist niedrig, gemein, weltlich, unedel, zwecklos, und (2) die Hingabe an die Selbstpeinigung, denn sie ist leidvoll, unedel, zwecklos. Diese beiden Enden vermeidet der Vollendete und hat den Weg in der Mitte gefunden, der das Auge und die Erkenntnis schafft, der zur Ruhe, zum Wissen, zur Erleuchtung, zum Nirvâna führt. Es ist dies der edle Pfad, der da besteht aus acht Gliedern: rechte Anschauung, rechte Gesinnung, rechtes Reden, rechtes Handeln, rechtes Leben, rechtes Streben, rechtes Überdenken, rechtes Sich-Versenken. *(Sa 56, 11)*

Von dem geistigen Leben in den Gemeinden der Mönche und Nonnen Buddhas geben uns zahlreiche Gedichte Kunde. Es seien hier nur wenige Beispiele angeführt.

Die Wonne der Versenkung

> Die kleine Hütte schützt mich gegen Wind,
> Und sie beschirmt mich, wenn der Regen rinnt,
> Drum regne, Gott, soviel du magst,
> Mein Denken ist gesammelt, frei von Gier,
> Im Feuer der Entrückung sitz' ich hier,
> Drum regne, Gott, soviel du magst. *(Therag 1)*

> Im kühlen Walde weilt der Mönch beglückt,
> Zu stiller Schauung ist sein Geist verzückt,

Die Gemeinde und der Kultus 109

Als Sieger über aller Ängste Leid
Bewacht den Leib er voll Entschlossenheit. *(Therag 6)*

Mein wolkenblauer Felsenhang
Mit seinem klaren kühlen Teich,
Mit seiner „Indrahirten"* Schwarm,
Nichts ist an Lieblichkeit ihm gleich. *(Therag 13)*

Die zur Nonne gewordene Hetäre (Therîg 72 f.)

Berauscht von Schönheit und von Ruhm,
Durch Glück und Reichtum stets verwöhnt,
Sah ich auf andre Fraun herab,
Solang mich Jugendglanz verschönt.

Ich schmückte diesen meinen Leib,
Hab' so der Toren Herz erregt,
Als Dirne stand ich an der Tür
Dem Jäger gleich, der Schlingen legt.

Im Haus und auf der Straße auch
Bestrickte ich der Männer Herz,
Herausgeputzt trieb ich mit List
Mit ihnen allen meinen Scherz.

Heut' sitz' ich nach dem Bettelmahl
Mit kahlem Haupt im gelben Kleid
Im Schatten eines großen Baums,
Von aller Sorgen Last befreit.

Nach Erdenlust und Himmelsglück
Hab' jeden Wunsch ich abgetan;
Erloschen, kühl und ruhevoll,
Bin ich entrückt dem Weltenwahn.

---

* Eine Art von roten Käfern, die nach einem Regen aus dem Erdboden hervorkommen.

Der bekehrte Kehrer (Therag 620 ff.)

>Bin aus niederem Geschlechte,
>Ärmlich war mein Lebenslauf,
>Niedrig nur war meine Arbeit,
>Straßenkehricht las ich auf.
>
>Hohn und Schimpf mußt' ich ertragen
>Und verachtet wurde ich,
>Und so war ich niedern Sinnes,
>Vor den Leuten beugt' ich mich.
>
>Da sah einst ich den Erwachten,
>Als der Held, so groß und rein,
>Zog, umgeben von den Mönchen,
>In des Landes Hauptstadt ein.
>
>Eilig warf ich fort mein Bündel,
>Ihn zu grüßen ich begann,
>Mitleidsvoll um meinetwillen
>Stand er still, der große Mann.
>
>Seine Füße tief verehrend,
>Ich zu ihm getreten bin.
>Brünstig fleht' ich: »Nimm als Jünger,
>Höchstes Wesen, nimm mich hin.«
>
>Und da sprach der hohe Lehrer,
>Tief bewegt von fremdem Leid:
>»Komm zu mir und sei mein Jünger.«
>Und so wurde ich geweiht.
>
>Einsam weilt' ich drauf im Walde,
>Tief versunken sann ich nach,
>Treu dem Worte, das der Meister,
>Das der große Sieger sprach.
>
>Einst entsann ich nachts mich meiner
>Vorverlebten Lebensbahn,
>Dann in mitternächt'ger Stunde

Ward mein Auge aufgetan,
Und dann kam mir die Erleuchtung
Und es schwand der dunkle Wahn.

Als die Nacht vergangen, traten
Bei des neuen Tags Beginn,
Ihre Hand ausstreckend, Indra
Und auch Brahmâ vor mich hin.

»Edler Mann, den wir verehren«,
Also riefen sie mir zu,
»Ausgetilgt sind deine Sünden,
Hoch zu preisen, Herr, bist du.«

Mich, den Götter nun umgaben,
Unser hoher Meister sah,
Freundlich lächelnd auf mich blickend,
Sprach er diese Worte da:

Wer sich selbst beherrscht und keusch ist
Und sich der Askese weiht,
Wird in Wahrheit ein Brahmane;
Das ist höchste Heiligkeit.

2
DIE SOZIALE ORDNUNG

Der Brahmanismus ist ein religiös-soziales System, das auf der Anerkennung des Kastenwesens als einer gottgegebenen Institution beruht. Unter Berufung auf seine heilige Schrift, den Veda, zerfällt nach ihm die Menschheit in die vier Kasten der Brahmanen (Priester), Kshatriyas (Krieger), Vaishyas (Ackerbauern und Kaufleute) und die diesen gegenüber als rituell unrein geltenden Shûdras, welche die niederen Dienste auszuüben haben. Buddha bestritt hingegen die Autorität des Veda und sah in dem Kastenwesen eine gesellschaftliche Ordnung, die nur in irdischen Verhältnissen ihren Daseinsgrund hat und einer göttlichen Sanktion entbehrt. Die folgenden Verse *(J 543 VI p. 209)* suchen zu zeigen, daß die Theorie der Brahmanen nicht mit den tatsächlichen Verhältnissen übereinstimmt:

»Den Kriegern hat die Erde, den Brahmanen
Das Wissen der Allmächt'ge übergeben,
Den Vaishyas Ackerbau, den Dienst den Shûdras:
So wies er jedem an den Platz im Leben.«

Beruhte dieses Veda-Wort auf Wahrheit,
So könnten Krieger nur ein Reich regieren,
Nur Vaishyas könnten Landwirtschaft betreiben,
Nur die Brahmanen Sprüche rezitieren
Und Shûdras niemals ihren Dienst verlassen,
Sie würden sonst ihr Dasein ganz verlieren.

Schon in einem alten Text wird dargelegt *(Snip 601 ff.)*, daß sich die Menschen nicht wie die verschiedenen Pflanzen- und Tierarten nach Art und Aussehen voneinander unterscheiden und daß der Anspruch der Brahmanen, von Geburt an etwas Besseres zu sein als alle anderen Menschen, zu Unrecht besteht. Die Menschen lassen sich vielmehr von Rechts wegen nur nach der von ihnen ausgeübten Tätigkeit in Gruppen einteilen: ein echter Brahmane in wahrem Sinne ist deshalb nur derjenige, der sich durch seine geistigen Eigenschaften und durch sein sittliches Leben anderen überlegen zeigt.

Die Hauptarten der Pflanzenwelt,
Das sieht ein jeder, der nicht blind,
Nach ihrer äußeren Gestalt
Bekanntlich ganz verschieden sind.

Der Käfer, Vogel und der Fisch,
Der Wurm, die Schlange und die Maus
Und alles sonstige Getier,
Sie sehen ganz verschieden aus.

Das alles gilt vom Menschen nicht:
Sie haben alle Kopf und Haar,
Brust, Hände, Füße, Bauch und Scham,
Sind alle sprachbegabt fürwahr.

Nach Wesen und nach Körperbau
Besteht hier keine Sonderheit,
Die Menschen unterscheiden sich
Allein durch ihre Tätigkeit.

Wer von der Viehzucht sich ernährt,
Wer sorgsam übt des Landmanns Pflicht,
Den nennt man „Bauer", das ist klar,
Doch ein Brahmane ist er nicht.

Wer handelt, wer ein Handwerk treibt,
Wer raubt, auf fremdes Gut erpicht,
Wer opfert, wer als König herrscht –
Brahmanen sind sie alle nicht.

Nicht gilt mir als Brahmane, wer,
Geboren als Brahmanensohn,
Sich besser als die andern dünkt
Und ständig schielt nach Opferlohn.
Wer nichts erstrebt, wer frei von Gier,
Nur der gilt als Brahmane mir.

Wer alle Fesseln abgestreift,
Wer nichts mehr fürchtet, dort und hier,
Wer sich von allem Hang befreit,
Nur der gilt als Brahmane mir.

Kurz: nicht die Abstammung bestimmt,
Wer ein Brahmane und wer nicht,
Sein Tun allein entscheidet dies,
Sein Tun allein ist von Gewicht.

Denn Tat-bedingt ist dieses All,
Der Wesen Schicksal folgt der Tat,
Um Tun dreht sich die ganze Welt,
Wie um die Achse sich das Rad.

Die Brahmanen behaupten: ›Die Brahmanenkaste ist die höchste Kaste, von Brahmâ geschaffen, das Erbe Brahmâs ver-

waltend. Sie ist die vornehmste Kaste, nur sie ist rein.‹ Die Brahmanen werden aber aus dem Mutterleib geboren wie alle anderen Menschen, und sie haben dieselben guten und schlechten Eigenschaften wie sie. *(D 27, 3-7)* Und wie paßt das zusammen: Brahmâ ist gütig, reinen Herzens und hängt nicht an weltlichem Besitz, die Brahmanen aber sind das gerade Gegenteil davon. *(D 13, 31-35)* Woher wissen denn überhaupt die Herren Brahmanen, die auf ihre Abstammung so stolz sind, daß ihrer Mutter, ihren Großmüttern und weiblichen Vorfahren bis ins siebente Glied hinauf nur Brahmanen beigewohnt haben und nicht Nichtbrahmanen? *(M 93 II p. 156)* Die heutigen Brahmanen haben viele Bräuche aufgegeben, die ihre Altvordern hochhielten: sie wohnten nur einer Frau aus der eigenen Kaste bei, und dies nur zur Zeit, wenn diese konzeptionsfähig war, sie kauften sich keine Frau, sie horteten keine Schätze, sie sammelten morgens und abends Almosenspeise ein, die sie auf der Stelle verzehrten. Heute tun sie das alles nicht mehr, und nur noch die Hunde folgen den alten brahmanischen Bräuchen. *(A 5, 191)*
Von den alten Überlieferungen, welche die Brahmanen einem Korbe gleich von Generation zu Generation weitergeben, behaupten sie, ›dies ist wahr, alles andere ist Unsinn‹. Gibt es unter diesen bis zu den alten Meistern herauf auch nur einen, der von sich sagen kann: »Ich weiß es selbst, ich sehe es selbst?« So gleichen sie alle einer Reihe von hintereinander gehenden Blinden, von denen keiner vorn, in der Mitte oder hinten etwas sieht. *(M 95 II p. 169)*

Das Kastenwesen beruht nicht auf einer übernatürlichen Ordnung, sondern auf menschlicher Konvention. Im Orden der Mönche und Nonnen des Vollendeten hat es daher keine Berechtigung:

So wie der Ganges und andere Flüsse ihren Namen verlieren, wenn sie in das Meer münden, so verlieren auch Angehörige aller Kasten ihre Bezeichnung, wenn sie, der Lehre und Zucht des Vollendeten folgend, in die Heimatlosigkeit gezogen sind.

Die Gemeinde und der Kultus 115

(A 8, 19, 141) Und so wie kein Unterschied besteht zwischen einem Feuer, das mit dem Holz eines Tik-, Mango- oder Feigenbaums entzündet worden ist, so besteht kein Unterschied zwischen den vier Kasten im Hinblick auf die Erlösung. *(M 90 II p. 129)*

3
DER KULTUS

Verwerfung brahmanischer Riten

Als anti-brahmanische Reformbewegung bestreitet der Buddhismus die Autorität der heiligen Schrift der Priesterkaste. Er sagt über die Veden *(J 543, VI, p. 206)*:

> Kein Heil* für Weise, Fallstricke für Toren
> Sind Lehren, die die Veden offenbaren.
> Man meide ihren trügerischen Zauber,
> Denn niemals führen sie zum wirklich Wahren.
>
> Der Veda schützt nicht Leibesfruchttöter
> Noch jene, die den eignen Freund verraten,
> Noch nimmt sein Opferfeuer Schuld von denen,
> Die rücksichtslos vollbringen böse Taten.

Vor allem wird die brahmanische Lehre angegriffen, nach welcher in den Hölzern der Feuergott Agni latent verborgen ist und durch das kultische Reiben derselben zur Erscheinung gebracht wird, um dann das Geopferte zum Himmel emporzutragen. Es heißt darüber *(J 543 VI p. 206)*:

> Wenn je mit Holz und Gras ein wahrhaft gutes Werk
> Ein Mann vollbrächte, der das Feuer nährt,
> Dann hätt' sich dies bei Köhlern und bei Köchen
> Und dem, der einen Leib verbrennt, bewährt.

---

* Im Original: Kali, was den schlechtesten Wurf beim Würfelspiel bezeichnet.

Für die Milakkhas (Wilden) ist das Wasser göttlich,
Für andre ist ein Gott des Feuers Glut,
Sie irren alle beide, denn das Feuer
Ist doch kein Gott, noch auch die Wasserflut.

Das Feuer hat nicht Sinne noch Bewußtsein,
Wenn es für uns auch manches Werk vollbringt:
Wer es verehrt und dabei böse handelt,
Auf keinen Fall die Himmelswelt erringt.

Wer glaubt, der Feuergott sei in dem Holze,
Der hat die Sachlage gewiß verkannt,
Sonst wären alle Wälder längst vertrocknet
Und alles trockne Holz sofort verbrannt.

In trocknen Hölzern oder gar in frischen
Ein Feuergott niemals sein Wesen treibt:
Ein Feuer wird erzeugt nur, wenn ein Kund'ger
Zwei Hölzer richtig aneinander reibt.

Hier wird also der brahmanischen Theorie, daß im Holz ein Gott gegenwärtig sei, die Anschauung gegenübergestellt, daß das Feuer nur durch das Zusammenwirken von mehreren Faktoren (zwei Reibhölzern und dem Reibenden) auf natürliche Weise gesetzmäßig ins Dasein gerufen wird.

Mit besonderem Nachdruck wird das brahmanische Opferwesen bekämpft, vor allem das grausame Schlachten von Opfertieren, von dem die Brahmanen behaupteten, es sei moralisch nicht zu beanstanden, weil die Tiere durch ihre Opferung in die Himmelswelt gelangten *(J 543 VI p. 210)*:

Wenn einer rein wird, der beim Opfer tötet,
Und tote Tiere in den Himmel steigen,
Müßt' doch ein Priester andre Priester opfern
Und Menschen, denen dieser Glaube eigen.
Statt dessen bitten niemals doch die Tiere
Den Priester, sie zum Himmel zu befördern,
Im Gegenteil, sie zittern um ihr Leben,
Und schaudern vor den priesterlichen Mördern,

Die Gemeinde und der Kultus

> Selbst wenn auch jene an dem Opferpfosten
> Mit einem schönen Wort zu ihnen sagen:
> »Der Pfosten wird erfüllen deine Wünsche
> Und dich empor ins bess're Jenseits tragen.«

Schließlich und vor allem wird den Brahmanen vorgeworfen, daß sie den einfältigen Frommen ihren „sichtbaren Besitz" abnehmen und ihnen dafür angeblich „unsichtbare Güter" in Aussicht stellen (*J 543 VI p. 211 ff.*):

> Mit schönen Worten die Betrüger sprechen:
> »Verehrt das Feuer, gebt uns eure Habe,
> Denn dann erfüll'n sich alle eure Wünsche
> Im Jenseits als der Lohn für eure Gabe.«

Der Buddhismus betrachtet das Hängen an äußeren Regeln und Riten (shîla-vrata-parâmarsha) als eine der Fesseln, welche den geistigen Fortschritt hemmen. Der Glaube, daß die Ausführung bestimmter Zeremonien transzendente Früchte zeitige, wird als ein Irrglaube der Brahmanen kritisiert. So heißt es in *Snip 249, 242*:

> Nicht fasten oder „Fischkost nur",
> Nicht wirre Flechten noch Tonsur,
> Nicht Nacktgehn noch ein Fell als Kleid,
> Nicht werkgerechte Frömmigkeit,
> Gebete, Opfer, Sich-Kastein –
> Die machen nicht den Menschen rein,
> Der dem Begehren unterliegt,
> Weil er die Triebe nicht besiegt.

> Wer mordet, stiehlt, die Ehe bricht,
> Wer voller Trug und Hinterlist,
> Den heiß' ich unrein – aber nicht
> Den Menschen, welcher Fleischkost ißt.

›Die Brahmanen des Westens lassen einen Toten (durch ihre Riten) zum Himmel emporsteigen. Da ist wohl der Erhabene imstande zu bewirken, daß die ganze Welt nach dem Tode in den Himmel kommt?‹ – ›Was glaubst du wohl: Gesetzt, ein Mann wäre ein Mörder, ein Dieb oder anderer Übeltäter. Und eine große Menge käme zusammen, betete, riefe seinen Namen und ginge mit zusammengelegten Händen umher mit den Worten: ‚Möge dieser Mann nach dem Tode in den Himmel kommen.' Würde dieser Mann deswegen wirklich in den Himmel kommen? Das wäre ebenso, wie wenn jemand einen Felsen in ein tiefes Wasser stieße und eine große Menschenmenge betete: ‚Steige empor, lieber Felsen, und schwimme zum Ufer!' Würde der Felsen da wirklich emporsteigen oder zum Ufer schwimmen?‹ *(Sa 42, 6)*

›Ein Opfer, bei welchem Rinder, Ziegen, Schafe, Hähne, Schweine getötet werden, billige ich nicht. Ein Opfer aber, durch das lebenden Wesen keine Gefahr droht, billige ich: unaufhörliches Spenden.‹ *(A 4, 39)*

Wie dieses Beispiel zeigt, war Buddha bemüht, alten Vorstellungen einen neuen, vergeistigten Sinn zu geben. Oben S. 96 lernten wir schon das Gedicht über die Heilsbräuche kennen: an die Stelle von äußerlichen magischen Riten (Mangalas) setzt Buddha die Befolgung sittlicher Regeln. Sehr charakteristisch ist auch die Geschichte von dem Jüngling Singâlaka, d. h. „Schakal" *(D 31, 27 f.)*, der die sechs Himmelsrichtungen (einschl. Zenith und Nadir) brahmanischem Brauch folgend verehrt, von Buddha aber darüber belehrt wird, daß man richtiger unter dem Osten die Eltern, unter dem Süden die Lehrer, unter dem Westen Weib und Kinder, unter dem Norden Freunde, unter dem Nadir die Diener, unter dem Zenith Asketen und Brahmanen versteht und sich ihnen gegenüber in der richtigen Weise verhält.

Übernahme brahmanischer Riten

Der Buddhismus hat den Götterglauben der damaligen Inder übernommen. Die „Devas" sind – wie schon seit der Upanishaden-Zeit – überirdische, mächtige Wesenheiten, die in himmlischen Welten ein langes, genußfrohes Leben führen und den Menschen, die ihnen Gaben darbringen, mancherlei Gnaden erweisen können. Sie sind aber ebenso wie Menschen, Tiere und unterirdische Wesen dem Gesetz der Vergeltungskausalität der Taten unterworfen, sie verdanken ihre gegenwärtige Stellung den in früheren irdischen Existenzen vollbrachten guten Werken und haben, wenn der Lohn für diese Werke aufgebraucht ist, wieder auf die Erde zurückzukehren und ihren Platz an einen anderen, durch sein Karma dazu Berechtigten abzutreten. Sie haben weder mit der Erschaffung und Lenkung des Universums, noch mit Aufrechterhaltung des Karma-Prozesses oder der Heilsgewinnung etwas zu tun.

An zahlreichen Stellen des Pâli-Kanons wird davon gesprochen, daß die Götter von den Frommen zu verehren sind. So heißt es *(D 16, 1, 31)*:

›Überall wo ein weiser Mann seine Wohnung genommen hat, spendet er den Göttern dieses Ortes Opfergaben. Verehrt und geachtet von ihm, ehren und achten ihn die Götter. Wie eine Mutter gegen ihren leiblichen Sohn, sind sie voll Erbarmens gegen ihn. Der, dessen sich die Götter annehmen, sieht nur Gutes.‹

Der alte Buddhismus hat also den Götterkult, den er vorfand, unbeschränkt bestehen lassen, betrachtete es aber nicht als seine Aufgabe, sich mit ihm näher zu beschäftigen; er überließ dies vielmehr den brahmanischen und anderen Priestern. Diese Stellung erklärt sich daraus, daß für den nach Erlösung strebenden Jünger die Götterverehrung außerhalb der Heilslehre stand, sie galt als eine Religionsübung niederer Ordnung, gut für Laien, die noch an den Dingen dieser Welt hängen, aber ohne Bedeutung für den, der ein Heil erstrebte, das jenseits der Sphäre der Devas liegt.

Als Beispiel dafür, wie der alte Buddhismus es verstanden hat, auch den Kult der durch Streuopfer verehrten Erd- und Luftgeister mit seinem Geiste zu durchdringen, sei hier das „Sûtra von den Edelsteinen" *(Snip 222 ff.)* angeführt. Durch das Aussprechen der Wahrheit über den Buddha, die Lehre und die Mönchsgemeinde sollen die Geister veranlaßt werden, den Frommen gnädig zu sein.

> Die hier ihr vereinigt zusammengekommen,
> Ihr Geister im Luftraum, ihr Geister der Erde,
> Seid freundlichen Herzens und guter Gesinnung,
> Vernehmt, was ich jetzt euch verkündigen werde.

So hört denn, ihr Geister! Die Menschengeschlechter,
Die frommen Gemütes die Spenden auch streun,
Die tags und zur Nachtzeit ergeben euch dienen,
Die müßt ihr zum Danke stets schützend betreun.

Von allem, was wertvoll in Diesseits und Jenseits,
Von sämtlichen Schätzen in Götterbereichen,
Von all dem kann nichts mit dem Buddha sich messen,
Ein Edelstein ist er fürwahr ohnegleichen.
Um dieser Wahrheit willen sei Heil!

Die Lehre, die Shâkya vom Durste befreit hat,
Die ihn die Entsagung der Welt ließ erreichen
Und die ihn dann brachte zur todlosen Stätte,
Ein Edelstein ist sie, fürwahr ohnegleichen.
Um dieser Wahrheit willen sei Heil!

Acht Arten von edelen Jüngern* sind würdig,
Daß ihnen die Laien stets Almosen reichen:
Die große Gemeinde des Völlig-Erwachten,
Ein Edelstein ist sie, fürwahr ohnegleichen.
Um dieser Wahrheit willen sei Heil!

Die hier ihr vereinigt zusammengekommen,
Ihr Geister im Luftraum, ihr Geister der Erde,
Wir wollen die heilige Dreiheit verehren,
Damit allen Wesen Glückseligkeit werde.

Der alte Buddhismus hat auch dem brahmanischen Dienst an Sterbenden und Toten frühzeitig einen Platz in seinem Kult angewiesen. Buddhaghosa *(Visw p. 550)* erwähnt, daß dem Sterbenden in seinem letzten Stündlein von den Verwandten Dinge übergeben werden, welche seinen fünf Sinnen angenehme Eindrücke vermitteln und ihm dadurch zu einer günstigen Wiedergeburt verhelfen sollen, weil sie als äußere Zeichen der Buddha-Verehrung dargebracht werden; es sind dies 1. eine Blumenkette, eine Fahne und

---

* Dies sind die in den Strom der Lehre Eingetretenen, die nur noch einmal zur Welt Wiederkehrenden, die nicht mehr zur Welt Wiederkehrenden und die Arhats, wobei jeweils unterschieden wird zwischen denen, die am Anfang, und denen, die am Ende dieses Weges stehen.

Die Gemeinde und der Kultus 121

dergl., 2. eine religiöse Vorlesung oder Musik, 3. Wohlgerüche, 4. Honig, Zucker und 5. (für den Tastsinn) chinesische Seide.
Nach indischem Glauben erleben manche Verstorbene nicht unmittelbar nach dem Tode eine neue Wiedergeburt, sondern müssen eine Zeitlang als „Pretas" hungernd umherschweifen. Zu ihren Gunsten werden von den Hinterbliebenen Totenopfer dargebracht. Das folgende Lied (Khuddaka-Pâtha 7) beschäftigt sich mit dem Dienst an den Pretas.

> Auf Wegkreuzungen und an Straßenecken
> Betrübte Totengeister wartend stehn,
> Sogar am Hauseingang sie sich verstecken,
> Um wieder in ihr altes Heim zu gehn.

> Bei Geistern gibt's nicht Ackerbau noch Herden,
> Nicht Handel gibt's dort, noch Verkauf um Gold,
> Der Tote lebt von dem, was ihm auf Erden
> Die Dankbarkeit der Hinterbliebnen zollt.

> Wie Flüsse in das Weltmeer sich ergießen,
> Wie Regenwasser in die Tiefe strebt,
> So zu den Toten all' die Spenden fließen,
> Die einer opfert, der sie überlebt.

> Es hilft den Toten nicht, wenn an sie denkend
> Der Anverwandte um sie weint und klagt.
> Nein! Sie mit Opfergaben reich beschenkend,
> Stillt man den Hunger, der in ihnen nagt.

> Den *Mönchen* spendet darum eure Gaben,
> Auf daß stets wachse ihres Geistes Kraft.
> Damit sie stellvertretend so sich laben
> Und *ihr* fürs Jenseits hohen Lohn euch schafft.

Der Kult der Buddhas

Handelt es sich bei den bisher besprochenen Kultformen um solche, die aus der vorbuddhistischen Religion Indiens übernommen wurden, so stellt der Buddha-Kultus den eigentümlichen Besitz des

Buddhismus dar. Derselbe besteht in der Verehrung der Körperüberreste, hinterlassenen Gebrauchsgegenstände, heiligen Symbole (Baum der Erleuchtung, Fußabdrücke), Statuen und Bilder des historischen Buddha bzw. seiner mythischen Vorläufer, sowie der Stûpas (Gedächtnismonumente), die über Reliquien errichtet worden sind. Frühzeitig entwickelte sich auch schon ein ausgedehntes Wallfahrtswesen. Heißt es doch *(D 16, 5, 8)*:

Vier Stätten sind es wert, daß sie ein gläubiger edler Jüngling sieht und daß sein Herz davon bewegt wird: die Stätte, wo ein Tathâgata geboren wurde, wo er die vollkommene Erleuchtung erlangte, wo er das unübertreffliche Rad des Gesetzes in Bewegung setzte und wo er in das vollkommene Nirvâna einging. Und die Mönche und Nonnen, die Laienanhänger und Laienanhängerinnen, welche, auf einer Wallfahrt zu einer solchen Gedenkstätte begriffen, sterben, die werden alle nach dem Dahinfall des Leibes, nach dem Tode auf guter Fährte wandelnd in einer Himmelswelt wiedergeboren werden.

Es erhob sich nun die Frage: Was hat die Verehrung des Buddha für einen Zweck, da er doch im Nirvâna vollständig erloschen ist und deshalb weder den ihm erwiesenen Kultus wahrnehmen, noch auch den Gläubigen eine Gnade erweisen kann? *Mil p. 95* erklärt dies dahin, daß die bei dem Gläubigen durch den Verehrungsakt geschaffene geistige Verfassung sich für diesen segensreich auswirkt, so daß er einer Wiedergeburt im Himmel oder als Mensch teilhaftig wird.

›Es ist damit so, wie wenn man, nachdem ein Feuer erloschen ist, durch das Reiben von Hölzern neues Feuer hervorruft, oder wenn man, nachdem der Wind zu wehen aufgehört hat, mit Hilfe eines Fächers sich selbst eine kühlende Brise schafft.‹

Die Wunder, die an einem Heiligtum (Caitya) geschehen sollen, werden nicht von dem ins Nirvâna eingegangenen Buddha bewirkt, sondern durch Arhats oder Gottheiten, die dadurch den Glauben der Menschen stärken wollen, oder sie sind eine Folge des Willensakts des Frommen. *(Mil p. 309)*

Die Verehrung der Buddhas hat nach der orthodoxen Lehre der

Die Gemeinde und der Kultus 123

Theravâdins mithin nur einen subjektiven Wert für die Frommen, die Darbringung von Blumenopfern vor den Buddhastatuen und das dem Hindu-Brauchtum nachgebildete pomphafte Ritual, das dem heiligen Buddha-Zahn in Kandy (Ceylon) geweiht ist, dienen ausschließlich der Läuterung des Herzens des Frommen, der sich in einen Gemütszustand versetzt, „als ob" er den Buddha vor sich hätte und ihm seine Gaben darbrächte.

Die Reliquienverehrung ist übrigens in alter Zeit umstritten gewesen. *Mil p. 177* führt zwei einander widersprechende Buddha-Worte an, von denen das eine die Verehrung der Reliquien verbietet, während das andere sie empfiehlt. Der Text findet die Versöhnung beider darin, daß der Reliqienkult nur für die Laien gut sei, während hingegen die in ihrer geistigen Entwicklung weitergekommenen Mönche desselben entraten können.

Zweiter Abschnitt

DAS GROSSE FAHRZEUG

I DER BUDDHA UND DIE BUDDHAS

1
BUDDHAHYMNEN

Buddhas Sohn Râhula preist seinen Vater

Du kanntest des Sansâra Leiden:
Anstatt erlöst aus ihm zu scheiden,
Zogst du es vor, in ihm zu wandern,
Allein aus Mitleid mit den andern.

In Götterhimmeln und auf Erden,
Wohin dich führte neues Werden,
Die Güte ist dir treu geblieben:
Die Mutter muß den Sohn stets lieben.*

Du hast mit Leib, Wort und Gedanken
Vollbracht stets Gutes ohne Schwanken,
Den Lohn dafür hast du verschwendet
Und gnädig andern zugewendet.

Du hast, an Wissenskraft vollkommen,
Das Leid der Welt auf dich genommen,
Seit je bemüht, den Schmerz zu lindern
Und aller Wesen Gram zu mindern.

(*Râhulastava, ed. Schlingloff p. 90*)

Aufforderung zur Buddha-Verehrung

Zu ihm, der die Finsternisse vernichtet,
Durch dessen Glanz alles Dunkel sich lichtet,

---

* Die Barmherzigkeit (karunâ) wird hier dichterisch als die Mutter des Buddha bezeichnet, die ihn durch alle Wiedergeburten begleitete.

Auf dessen Körper die Ruhe sich spiegelt
Und dessen Geist alle Rätsel entsiegelt,
Zu dem Shâkya-Löwen, der erlöst und vollendet,
Mit gläubigem Herzen um Hilfe euch wendet.

Nehmt Zuflucht zu ihm, dem König der Weisen,
Den Götter und Menschen als Übergott preisen,
Zu ihm, der nur durch sich selber entstanden,
Weil er sich befreite von karmischen Banden,
Der unablässig die Lehre verkündet,
Ein Meer von Erkenntnis, das niemand ergründet.

Als Fürst der Ärzte verteilt er Arzneien,
Die die Lebensgequälten vom Sterben befreien,
Er ist der Sieger in geistigen Fehden,
Der die Ketzer bedrängt im Wettkampf der Reden,
Der unter den Menschen das Wahre verbreitet
Und auf den Weg zum Höchsten sie leitet.

(Lal, Anfang)

2

WUNDERGESCHICHTEN

Das Buddha-Bild der Texte, die eine Mittelstellung zwischen denen des Kleinen und Großen Fahrzeugs einnehmen, unterscheidet sich von dem des Hînayâna vor allem dadurch, daß in ihnen die Wundergeschichten eine immer größere Steigerung erfahren. Als charakteristische Proben seien hier ein paar derartige Erzählungen aus dem Lalitavistara und dem Mahâvastu wiedergegeben.

Der kleine Bodhisattva in der Schule

Als der Jüngling Siddhârtha groß genug geworden war, wurde er unter herrlichem Gepränge durch die festlich geschmückte Stadt Kapilavastu, deren Bewohner alle Straßen und Balkone füllten, begleitet von 10000 anderen Knaben, zur Schule geführt. Der Lehrer Vishvâmitra konnte den Glanz, der von dem Bodhisattva beim Eintreten ausging, nicht ertragen und fiel mit dem Gesicht nach vorne gewendet zu Boden. Ein Göttersohn hob ihn wieder auf und pries die Kenntnisse des Prinzen durch einen Hymnus, in welchem er ausführte, daß dieser alle Wissenschaften schon seit Millionen von Jahrtausenden sich angeeignet habe und deshalb nicht gekommen sei, um etwas zu lernen, sondern nur, um einem bei den Menschen üblichen Brauche zu genügen und andere zu belehren. Der Bodhisattva ergriff darauf eine Schreibtafel aus Sandelholz, die mit Edelsteinen verziert war, und fragte den Lehrer: »Was für eine von den folgenden 64 Schriftarten willst du mir beibringen?« Und er zählte die Schriftarten der Inder, der Chinesen, der Hunnen, der übernatürlichen Wesen und viele andere auf. Der Lehrer erstaunte darüber, daß der Bodhisattva Schriften kannte, deren Namen er selbst noch nicht einmal gehört hatte. Darauf begann der Prinz zusammen mit den 10 000 Knaben das Schreiben zu erlernen. Bei jedem Buchstaben des Alphabets (in der Reihenfolge der indischen Schriftzeichen von a bis ksha) aber erklang durch die übernatürliche Kraft des Bodhisattva ein Satz, der einen Kernpunkt der buddhistischen Heilslehre darstellt, z. B. A=›anitya sarva sanskâra‹, d. h. ›vergänglich ist jeder bedingte Daseinsfaktor‹, usw. Auf diese Weise wurde bei den Knaben schon der Gedanke auf die höchste Erleuchtung hingelenkt. Denn das war der Grund, das war die Ursache, weshalb der Bodhisattva, obwohl er schon alles gelernt hatte, in die Schule gekommen war. *(Lal p. 10)*

Das Rad des Gesetzes

Die folgende Geschichte ist dadurch bemerkenswert, daß in ihr die bildliche Bezeichnung „das Drehen des Gesetzrades" eine massiv sinnliche Ausgestaltung erfährt.

Als der Buddha in Benares mit den fünf Asketen zusammengetroffen war und ihnen die Lehre verkünden wollte, da erschienen an der Stelle, wo die früheren Buddhas gepredigt hatten, aus sieben Edelsteinen bestehende Throne. Der Buddha umwandelte die drei ersten von diesen aus Ehrfurcht vor seinen drei Vorgängern und ließ sich auf dem vierten mit gekreuzten Beinen nieder. In diesem Augenblick ging von seinem Körper ein Lichtstrahl aus, der alle Welten erfüllte; die Erde erbebte, alle Wesen wurden von Wohlwollen zueinander erfüllt, und die Götter baten den Erhabenen, das Rad der Lehre in Bewegung zu setzen. Darauf überreichte der Bodhisattva Cakravartin ein mit Edelsteinen verziertes und mit den heiligen Zeichen eines Nandikâvarta und Svastika geschmücktes Rad, das schon die früheren Buddhas in Bewegung gesetzt hatten. Während die anwesenden Götter, Halbgötter, Dämonen und Menschen in andächtiger Erwartung dasaßen, verharrte der Erhabene in der ersten Nachtwache in Schweigen, in der mittleren Nachtwache erzählte er etwas, das Freude verbreitete, in der letzten Nachtwache aber hielt er den fünf Asketen die Predigt über die beiden zu vermeidenden Pfade und den zwischen ihnen liegenden richtigen mittleren Weg. *(Lal Kap. 26)*

Die Selbstvervielfältigung Buddhas

Als der Erhabene auf seinem Wege nach Vaishâli den Ganges zu überqueren hatte, hatten der König Bimbisâra, der Adelsklan der Licchavis und die Nâgas (Schlangengeister) Kambala und Ashvatara vier Schiffsbrücken über den Fluß errichtet, und jeder von ihnen hoffte, daß Buddha ihre Brücke benutzen würde. Jeder von ihnen sah, wie der Erhabene ihre Brücke überschritt, weil er, um niemanden zu enttäuschen, sich durch seine Zauberkraft vervielfältigt hatte. Dasselbe Wunder, nur in noch größerem Umfange, vollbrachte er, als die Götter,

Der Buddha und die Buddhas 131

Geister und Menschen Tausende von Sonnenschirmen über ihn halten wollten. Da schuf der Erhabene so viel Buddhas, als Sonnenschirme vorhanden waren, und da jeder nur seinen eigenen Schirm sehen konnte, glaubte ein jeder: ›Unter meinem Schirm geht der Buddha‹.

> So ließ der Herr, ein Mond an Lieblichkeit,
> Die vielen Buddhas zauberhaft entstehen,
> Doch so, daß jeder Mensch nur einen sah
> Und alle anderen nicht konnte sehen.

(Mahâvastu I p. 263 ff.)

Der Buddha schwebt über der Erde

> Will ein Vollendeter auf unsrer Erde schreiten,
> Dann trennen ihn vom Boden stets fünf Fingerbreiten,
> Wenn böse Menschen ihn mit rauhen Worten schelten,
> Erträgt er's ohne Zorn und läßt sie's nicht entgelten.
> Stets hilft er mitleidsvoll den Leidgeprüften allen
> Und richtet wieder auf die Sünder, die gefallen.
> Drum hebt und senkt sich ihm die schätzereiche Erde:
> Sein Fuß schwebt über ihr ohn' jegliche Beschwerde.

(Mahâvastu I p. 163)

Die Buddhas sind überweltlich und passen sich nur scheinbar dem Brauch der Welt an

Die Welterleuchter waschen ihre Füße, obwohl diese stets so rein sind wie Lotusblätter. Sie setzen sich in den Schatten, obwohl sie die Hitze der Sonne nicht quält; sie essen Speise, obwohl sie keinen Hunger haben, um den Frommen Gelegenheit zu Almosenspenden zu geben. Sie tragen Kleider, obwohl sie auch ohne diese stets bedeckt wären. Sie scheinen zu altern, obwohl sie es nicht tun. Wenn sie auch die Macht ihres Karma

unterdrücken könnten, so lassen sie diese doch offenbar werden und verbergen ihre Wunderkraft. Obwohl sie nicht durch den Beischlaf von Mann und Frau ins Dasein gekommen sind, tun sie doch so, als ob sie Eltern hätten. Obwohl sie schon im Verlauf von Millionen von Weltaltern die volle Erkenntnis erreicht haben, geben sie sich doch den Anschein, als ob sie unwissend wären (und diese Erkenntnis erst erringen müßten). All dies geschieht in Anpassung an den Brauch der Welt.
(Mahâvastu I p. 168-170)

3

DER BUDDHA
DES „LOTUS DES GUTEN GESETZES"

Erscheint der Buddha schon in den Werken, welche den Übergang vom Kleinen zum Großen Fahrzeug bezeichnen, als ein Wesen mit übernatürlichen Fähigkeiten, so tritt er uns im „Sad-dharma-pundarîka-Sûtra" als ein überirdischer Heilbringer entgegen, der seit unvordenklicher Zeit den Weg zur Erlösung predigt und dies noch unermeßliche Zeiträume hindurch tun wird. Die alte Vorstellung, daß ein Buddha erst nach Jahrmillionen der Vorbereitung die Erleuchtung gewonnen hat, wird zwar noch beibehalten, und ebenso heißt es, daß er nach Verlauf unendlicher Zeit schließlich definitiv ins Nirvâna eingehen wird. Das ganze Dasein Shâkyamunis wird aber über unermeßliche Zeiträume ausgeweitet. Als Beispiel der veränderten Vorstellungen über das Wesen des Buddha folgt hier zunächst das Eingangskapitel des Werkes. Es gibt einen guten Einblick in die echt-mahâyânistische Freude an riesigen Zahlen und anderen Überschwenglichkeiten. Die vom Buddha verkündete Lehre gipfelt darin, daß es nur ein Fahrzeug zum Heil gibt, das Große Fahrzeug, während die Fahrzeuge der Shrâvakas (Hörer, d. h. Anhänger des Hînayâna) und der Pratyekabuddhas (d. h. Buddhas, die die Wahrheit für sich gefunden haben, aber nicht verkündigen) nur vorbereitenden Wert haben.

So habe ich gehört. Zu einer Zeit weilte der Erhabene in Râjagriha, auf dem Geierkulm-Berge, mit einer großen Gemeinde von Mönchen, mit 12000 Mönchen, insgesamt Arhats

(Heiligen), die alle Leidenschaften getilgt hatten. Bei ihnen waren andere große „Hörer" (Shrâvaka, Schüler), 2000 Mönche, die noch zu ringen hatten, und 6000 Nonnen, dazu 8000 Bodhisattvas, die viele Myriaden von Lebewesen gerettet hatten, Indra, der Beherrscher der Himmlischen, mit einem Gefolge von 20000 Göttersöhnen, Brahmâ mit Tausenden von Göttern, die 8 Schlangenkönige mit Myriaden von Schlangengeistern, außerdem Kinnaras (Geister), Gandharvas (himmlische Musiker), und Dämonen in ungemessener Zahl. Zu eben dieser Zeit saß der Erhabene, umringt und verehrt von den vier Versammlungen (der Mönche, Nonnen, männlichen und weiblichen Laienanhänger), nachdem er eine für Bodhisattvas bestimmte große Unterweisung gegeben hatte, mit untergeschlagenen Beinen in tiefe Meditation versunken; sein Körper war ganz bewegungslos und sein Denken hatte die völlige Ruhe erreicht. Sobald er in die Versenkung eingegangen war, fiel ein Regen von göttlichen Blumen herab, bedeckte den Erhabenen und die vier Versammlungen, und das Buddhafeld erzitterte in sechsfacher Weise. Und alle Anwesenden blickten voll Verwunderung, voll Erstaunen auf den Erhabenen. In diesem Augenblick brach ein Lichtstrahl aus dem Haarwirbel zwischen den Augenbrauen des Erhabenen hervor. Der Strahl durchdrang 18000 Welten in östlicher Richtung, so daß alle diese Buddha-Welten durch dieses Strahles Glanz erleuchtet wurden, bis nach unten hin zur großen Hölle Avîci und zur oberen Grenze des Kosmos.

Nachdem die anwesenden Bodhisattvas festgestellt haben, daß das Lichtwunder darauf hindeutet, daß Shâkyamuni eine Predigt halten will, läßt sich der Erhabene nach dreimaliger Bitte zu einer Lehrverkündigung herbei und spricht:

So wie die Blüte des Feigenbaums nur dann und wann einmal zu sehen ist, so läßt ein Tathâgata eine Darlegung der Lehre wie die (jetzt folgende) von sich vernehmen. Ich rede jetzt so, wie es vollkommen wahr ist, sonst aber lege ich die

Lehre mit Hilfe von mannigfachen Kunstgriffen in mannigfachen Ausdeutungen und Ausdrucksformen dar. Die Lehre, die alle vernunftgemäße Erwägung überschreitet, verkündet ein Tathâgata, um den Wesen die Augen für das Tathâgata-Wissen zu öffnen. Denn es gibt nur das *eine* Buddha-Fahrzeug und kein zweites und kein drittes Fahrzeug. Und alle Tathâgatas aller Zeiten und in allen zehn Weltbereichen haben alle nur dieses *eine* Buddha-Fahrzeug gelehrt, das die Allwissenheit zum Endziel hat. Und alle Wesen, die von mir diese Lehre hören, die werden alle der höchsten Erleuchtung teilhaftig werden. In diesem Sinne ist es zu verstehen, daß es nirgends in den zehn Himmelsrichtungen in der Welt ein zweites oder ein drittes Fahrzeug gibt. Aber wenn Buddhas zu einer Zeit des Verfalls auftreten, wenn die Wesen voll Begierden und die Wurzeln des Heils bei ihnen nur gering sind, dann zeigen die Buddhas durch einen Kunstgriff dieses eine Buddha-Fahrzeug als drei Fahrzeuge.

Es folgen dann das ganze umfangreiche Buch hindurch die verschiedensten Belehrungen, die von mannigfachen Wundererscheinungen umrahmt sind. Das Werk endet mit den Worten:

Schließlich erhob sich Shâkyamuni von seinem Sitz, streckte seine Wunder vollbringende rechte Hand aus, ergriff damit die rechten Hände der Anwesenden und sprach feierlich also: »In eure Hand lege ich, ihr Söhne aus guter Familie, die von mir in unzähligen Myriaden von Weltaltern erlangte höchste Erleuchtung. Ihr müßt alles tun, damit sie sich weit ausbreitet. Ihr sollt sie ergreifen, tragen, verkünden, erklären und alle Lebewesen hören lassen. Neidlos spende ich als ein großer Gabenherr das Buddhawissen. Ihr müßt es allen Söhnen und Töchtern aus guter Familie weitergeben, und auch die Wesen, die noch ohne Glauben sind, sollen von euch damit beschenkt werden. Auf die Weise werdet ihr das, was die Buddhas an euch getan, ihnen vergelten.«

Als der Buddha so gesprochen, verneigten sich die Bodhisattvas vor ihm und sprachen: »Wir werden so tun, wie der Erhabene befohlen hat, und den Wunsch aller Buddhas erfüllen.«

Dann entließ der erhabene Shâkyamuni alle die von weither herbeigekommenen Heiligen. Und die ganze Versammlung, Buddhas, Bodhisattvas, Jünger, Götter, Dämonen, Gandharvas und Menschen priesen was der Erhabene ihnen verkündet hatte.

Der Buddha als besorgter Vater

Der Erhabene sagte zum ehrwürdigen Shâriputra: »Ich will dir ein Gleichnis geben, denn durch ein Gleichnis verstehen verständige Leute besser den Sinn des Gesagten.« Bei dieser Gelegenheit sprach der Erhabene folgende Verse *(3, 39–89)*:

> Ein reicher Mann besaß ein altes Haus,
> Geräumig und mit zahlreichen Gelassen,
> Doch haust Zerstörung in der Säulen Pracht,
> Vernichtung droht den prunkvollen Terrassen.

> Des Daches Balken sind herabgestürzt,
> Die weißgetünchten Wände sind geborsten,
> Und in dem Innern eine gier'ge Schar
> Von Geiern, Eulen und von Tauben horsten.

> In jedem Winkel sieht man eine Brut
> Von giftgeschwoll'nen Nattern und Skorpionen,
> Im Keller hausen Mäuse, überall
> Die fürchterlichsten Tiergestalten wohnen.

> Die Hungergeister gehn im Hause um
> Von schwarzer Farbe, gräßlich anzuschauen;
> Ihr Schmerzensschrei tönt gellend durch den Bau,
> Verbreitet rings Entsetzen, Furcht und Grauen.

> Als einst der Herr des Hauses auswärts war,
> Begann ein Feuer dort sich auszubreiten,

Die Feuersbrunst erfaßt das ganze Haus
Und Flammen lodern hell nach allen Seiten.

Da hört er seine Kinder unbesorgt
Laut jauchzend durch die Räume rennen,
So völlig hingegeben ihrem Spiel
Wie Wahnbetörte, die nichts andres kennen.

Vergeblich ruft er: »Kinder, kommt heraus,
Es drohn im Haus euch furchtbare Gefahren.«
Sie hören nicht sein Wort, weil unbeirrt
Sie nur beim Spiel mit den Gedanken waren.

Da nahm der Mann zur Hilfe eine List;
›Die Kinder‹, denkt er, ›sind so spielverloren,
Daß nur wenn ich mich anpass' ihrem Sinn,
Ich helfen kann den unglücklichen Toren.‹

Er sprach zu ihnen: »Kinder, hört auf mich,
Ich habe Wagen von verschiedenen Arten,
Bespannt mit Rehen, Ziegen, Ochsen; kommt
Und macht mit ihnen eure lust'gen Fahrten.

Die Wagen stehen hier, lauft schnell heraus
Und spielt nach Herzenslust mit diesen Sachen,
Freut euch an ihnen, kommt und seht,
Ich ließ die Wagen eigens für euch machen!«

Sobald die Kinder dieses Wort gehört,
Sie augenblicks den Weg nach draußen fanden
Und von der schrecklichen Gefahr befreit
Bei ihrem Vater froh im Freien standen.

Zu dem beglückten Vater sprachen dann
Erwartungsvoll die frohgemuten Knaben:
»Drei Fahrzeuge du uns verheißen hast!
Laß sie uns jetzt, geliebter Vater, haben.«

Da schenkt' er jedem ein Ochsengespann,
Ein Fahrzeug aus Gold, besetzt mit Juwelen,
Mit Sonnenschirmen und Flaggen verziert,
An dem auch silberne Glöckchen nicht fehlen.

Solch herrliche Wagen hatte der Mann
Und schenkte voll Großmut sie jedem Kinde,
Und die Kleinen spielten damit voll Lust,
Zerstreuten sich froh in alle Winde.

Der Buddha erklärt den Sinn der Parabel:

»So rette ich die Menschen hier mit List,
Ich spreche von *drei* Fahrzeugen auf Erden,
Doch spende ich das Buddha-Fahrzeug nur,
Denn *alle* sollen einmal Buddhas werden.«

Das Gleichnis vom verlorenen Sohn

Als die ehrwürdigen Mönche Subhûti, Mahâkâtyâyana, Mahâkâshyapa und Mahâmaudgalyâyana hörten, daß auch Shrâvakas zur höchsten Erleuchtung, zur Buddhaschaft berufen sind, da sprachen sie zum Erhabenen: »Wir haben einen großen Gewinn davongetragen von dem, was der Tathâgata gesagt hat und was wir noch nie gehört haben. Wir haben einen Edelstein von unschätzbarem Werte erlangt, einen kostbaren Edelstein, nach dem wir nicht gesucht, an den wir nicht gedacht und den wir (bisher) nicht erstrebt hatten. Es ist so, Herr, als wenn ein Sohn von seinem Vater fortging in ein fernes Land. Und er lebte dort viele Jahre. Und der Vater wäre mittlerweile ein großer Mann geworden, der Sohn aber wäre arm geblieben. Und der Sohn käme nachdem er lange, um seinen Lebensunterhalt zu gewinnen, durch viele Länder gewandert war, schließlich zu dem Ort, wo der Vater wohnte. Der Vater hätte aber immer an den verlorenen Sohn gedacht und sich vorgestellt: ›Ach wie glücklich würde ich sein, wenn mein Sohn diesen Reichtum genießen könnte.‹ Als nun der arme Sohn sich dem Hause des reichen Vaters näherte, sah er ihn in aller seiner Pracht umgeben von vielen Leuten an der Tür seines Hauses sitzen. Und erschrocken dachte er: ›Plötzlich bin ich hier vor einen Fürsten oder einen Großen gelangt; meinesgleichen hat hier nichts zu tun; ich will gehen; in der Straße der Armen werde ich Nahrung und Kleidung finden.‹ Da machte sich der arme Mann schnell fort, von eingebildeten Ängsten in Schrecken versetzt. Der Reiche aber hatte seinen Sohn auf den ersten Blick erkannt. Und hocherfreut dachte er bei sich: ›Der Erbe meiner Schätze ist gefunden. Er, an den ich immer wieder gedacht hatte, ist jetzt da, wo ich alt und betagt geworden bin.‹ Sogleich sandte der Reiche, von Sehnsucht nach dem Sohn getrieben, ihm Leute nach, um ihn zu holen. Als sie ihn eingeholt hatten, war der Sohn sehr erschrocken, schrie und rief: »Ich habe euch nichts getan.« Die Leute aber nahmen ihn mit sich, obwohl er schrie. Und der Arme dachte: ›Wenn ich nur nicht bestraft werde, ich bin verloren!‹ Und er fiel ohnmächtig zu Boden. Als der Vater hinzukam, besprengte er ihn mit kaltem Wasser, sprach aber nichts, denn er war sich seiner hohen Stellung und des schlechten Zustandes des Armen bewußt. Und er ließ niemanden wissen, daß er sein Sohn war, und ließ ihm durch einen seiner Leute sagen: »Du bist frei, gehe, wohin dir beliebt.« Erstaunt ging der Sohn in die Straße der Armen auf die Suche nach Nahrung und Kleidung. Um ihn nun aber an sich heranzuziehen, bediente sich der Hausherr eines Kunstgriffs. Er sandte zwei Leute aus niedrigem Stande zu ihm und ließ ihn in deren eigenem Namen für doppelten Tagelohn zur Arbeit in seinem Hause dingen. Fortan reinigten diese beiden Männer und der arme Sohn zusammen im Haus des Reichen die Kehrichtbehälter. Sie wohnten in einer Strohhütte in der Nähe des Hauses des begüterten Herrn. Und dieser selbst sah durch ein Fenster seinen Sohn bei der Arbeit. Danach stieg (der Haus-

Der Buddha und die Buddhas

herr) von seinem Hause herab. Er hatte seine Schmucksachen und kostbaren Kleider abgelegt, schmutzige Kleider angezogen, einen Korb in die rechte Hand genommen und seinen Leib mit Staub bedeckt. Von weitem rief er ihn an und gab ihm den Auftrag, Körbe zu tragen und Kehricht zu entfernen. Durch diesen Kunstgriff kam er in ein Gespräch mit dem Sohn und sagte dann zu ihm: »Tue bei mir hier Arbeit, du brauchst nirgends anders hinzugehen; ich werde dir einen besonderen Lohn geben und was du brauchst, um das kannst du mich bitten, um einen Betrag für einen Topf, oder für einen Kessel, oder für Salz, Essen und Kleidung. Ich habe einen alten Anzug, wenn du ihn brauchen kannst, werde ich ihn dir geben. Sei guter Dinge, Mann, betrachte mich als deinen Vater, denn ich bin älter als du und du hast gute Arbeit geleistet, indem du die Kehrichtbehälter reinigtest, und solange du gearbeitet hast, bist du niemals unredlich, unzuverlässig oder unbescheiden gewesen.« Von der Zeit an nannte der Hausherr ihn ›Sohn‹ und der Arme gebrauchte in Anwesenheit des Hausherrn die Bezeichnung ›Vater‹. Und als zwanzig Jahre vergangen waren, war der Arme mit dem Haus des Reichen vertraut und ging in ihm ein und aus, wohnte aber noch in der Strohhütte. Nach einiger Zeit wurde der Hausherr krank und fühlte seinen Tod herannahen. Da sagte er zu dem Armen: »Komm her, Mann, ich habe viel Gold, Geld, Getreide, Schätze und Kornkammern. Ich bin krank und möchte das alles jemandem geben. Du sollst ebenso der Eigentümer dieses Reichtums sein wie ich, aber du sollst nichts davon verlorengehen lassen.« Und der Arme erlangte so den Besitz, war aber selbst ganz bedürfnislos, lebte weiter in der Strohhütte und betrachtete sich selbst als so arm wie zuvor. Als nun der Hausherr den Sohn als sparsam und geistig genügend reif erfunden hatte, stellte er ihn in seiner Todesstunde bei einer Zusammenkunft der Verwandten in Anwesenheit des Königs den Städtern und Bauern als seinen

Sohn vor und hinterließ ihm alle seine Schätze. Da dachte der Sohn: ›Plötzlich habe ich all dies Gold, Geld, Getreide, den Schatz und die Getreidespeicher erlangt.‹
So sind wir, Erhabener, gleichsam die Söhne des Erhabenen. Wir waren durch dreifaches Leid gepeinigt und im Sansâra dem Niedrigen zugewandt. Dann brachte uns der Erhabene dazu, über die vielen niedrigen Dharmas (Daseinsfaktoren), die einem Kehrichtbehälter gleichen, nachzudenken. Und wir strebten nun nach dem Nirvâna wie nach unserem Tagelohn. Mit diesem erlangten Nirvâna waren wir zufrieden, wir glaubten damit viel erlangt zu haben. Der Tathâgata aber weiß, daß wir noch Niedrigem zugewandt sind, er beachtet uns deshalb nicht und erzählt uns nichts davon, daß der Schatz des Wissens der Tathâgatas uns gehören soll; durch einen Kunstgriff aber setzt er uns als Erben für den Schatz des Tathâgatawissens ein. So können wir denn sagen, unerwartet haben wir den Edelstein der Allwissenheit erlangt, als wären wir die Söhne des Tathâgata.« *(Lotus, Kap. 4)*

Das unendliche Lebensalter des Buddha

Im 14. Kapitel des Lotusbuches erscheinen riesige Heere von Bodhisattvas, die aus den Spalten der Erde hervorkommen und von denen der Buddha sagt, daß er sie herangebildet hatte.

Darauf fragte Maitreya: »Als ein junger Mann hat der Tathâgata Kapilavastu, die Stadt der Shâkyas, verlassen und nicht fern von der Stadt Gayâ hat er die Erleuchtung erlangt. Das ist heute vor etwas mehr als vierzig Jahren geschehen. Wie hat da der Tathâgata in dieser kurzen Zeitspanne eine so ungeheure Zahl von Bodhisattvas zur Erleuchtung reif machen können?«
Da sprach der Erhabene zu den Bodhisattvas: »Viele Hunderttausende von Myriaden von Kotis von Weltaltern sind vergangen, seit ich die höchste Erleuchtung erlangt habe ...

Da die Wesen so mannigfaltige Neigungen haben, die Wurzel des Heils bei ihnen gering ist und sie mit vielen schlechten Leidenschaften behaftet sind, erklärt der Tathâgata: »Ich bin jung, ihr Mönche, ich bin erst vor kurzem erwacht.« Er tut dies, um die Wesen zur Reife zu führen. Um in ihnen die Wurzeln des Heils zu erzeugen, erteilt er mannigfaltige Belehrungen, die auf ganz verschiedenen Grundlagen beruhen. Der Tathâgata, der vor so langer Zeit die Erleuchtung gewann, der hatte eine unermeßlich lange Lebensdauer. Ohne ins Nirvâna eingegangen zu sein, läßt er die, welche erzogen werden sollen, sein Parinirvâna sehen. Und selbst heute, ihr Söhne aus guter Familie, ist mein früherer Bodhisattva-Wandel noch nicht vollendet und das Maß meiner Lebensdauer noch nicht voll. Noch zweimal so viele hunderttausend Myriaden von Kotis von Weltaltern werden vergehen bis zur Vollendung meiner Lebensdauer. Obwohl ich nicht in das Nirvâna eingehe, kündige ich doch mein Parinirvâna an. Und warum? Damit die Wesen, die noch vom Heil entfernt sind, nicht denken: ›Der Tathâgata bleibt hier (es kommt also nicht darauf an, daß wir uns jetzt bessern), so daß sie keine Kraft darauf wenden, um der Dreiwelt zu entfliehen, und sich nicht dessen bewußt werden, wie schwer zu erlangen ein Tathâgata ist. Deshalb gebraucht der Tathâgata bei den Wesen einen Kunstgriff und sagt zu ihnen: »Das Erscheinen eines Tathâgata ist außerordentlich schwer zu erreichen, denn im Verlauf von vielen Hunderttausenden von Myriaden von Kotis von Weltaltern sehen die Wesen einen Vollendeten oder auch nicht.« Wenn sie aber der Meinung sind, daß Tathâgatas nur selten erscheinen, dann werden sie bekümmert sein, wenn sie einen Tathâgata nicht sehen, und begierig sein, ihn zu schauen. Die Wurzeln des Heils, die auf dem Denken an den Tathâgata beruhen, werden ihnen lange zum Nutzen, zum Wohle, zum Segen gereichen. Es ist damit wie mit dem klugen Arzt, der als er von einer Reise zurückkehrte, seine vielen Söhne an einer Vergiftung leidend vorfand. Die Kinder baten ihn, sie vom Gift zu befreien, und er bereitete einen Heiltrank. Die vernünftigen Söhne tranken diesen und wurden gesund. Die Söhne aber, die verkehrte Ansichten hatten, nahmen die Arznei nicht, weil ihnen deren Farbe, Geruch oder Geschmack nicht behagte. Da verfiel der Arzt auf einen Kunstgriff, um sie zum Trinken der Medizin zu veranlassen. Er sagte zu ihnen: »Ich bin alt und mein Tod steht nahe bevor, seid aber nicht betrübt; ich habe für euch hier ein Heilmittel bereitet, wenn ihr es braucht, dann mögt ihr es einnehmen.« Der Arzt ging dann in einen andern Landesteil und ließ seinen kranken Söhnen mitteilen, er sei gestorben. Da wurden sie sehr traurig. Sie fühlten sich ohne Herrn und ohne Schutz und ihre Trauer ließ ihre falschen Vorstellungen zu richtigen werden. Sie nahmen die Arznei und wurden von der Krankheit befreit. Als der Arzt erfuhr, daß die Kinder von der Krankheit erlöst waren, zeigte er sich ihnen wieder.

Und der Erhabene sprach die folgenden Ströphen:

> »Unausdenkbare Millionen
> Von unendlichen Äonen
> Sind bis heute schon vergangen,
> Seit ich einmal angefangen,
> Meine Lehre zu verbreiten,
> Als ich im Verlauf der Zeiten
> Der Erleuchtung Heil gefunden,
> In mir Buddhaschaft entbunden.
>
> Des Nirvâna hehre Stätte
> Spiegle vor ich, denn ich rette
> Durch dies Hilfsmittel die Wesen,
> Daß sie von dem Leid genesen.
> Doch in Wahrheit kam ich nimmer
> Zum Erlöschen, sondern immer

Künde ich die hohe Lehre,
Und die Wesen ich bekehre.

Wähnend, ich sei tot, die Besten
Zollen meinen Körperresten
Stets Verehrung, im Verlangen,
Mir, wenn ich auch fortgegangen,
Nah zu sein in Geist und Werken,
Daß sie ihren Glauben stärken,
Ihre Frömmigkeit entfachen,
Krummes Denken grade machen.

Doch kann ich den Wesenscharen
Nie mich völlig offenbaren;
Zwar kann niemand besser wissen,
Was sie ständig leiden müssen,
Doch erst, wenn den Geist sie wenden,
Kann ich ihre Qualen enden,
Wenn sie ganz zu mir sich neigen,
Kann ich meine Lehre zeigen.

Solches war seit je mein Wille,
Darum blieb ich in der Stille
Seit Myriaden von Äonen
Auf dem Geierberge wohnen.
Nie verließ ich diese Stätte;
Predigend die Welt ich rette
Durch der Lehre Herrlichkeit
Seit unendlich langer Zeit.

Wie ein Arzt, als er erfahren,
Daß die Söhne töricht waren
Und die Heilmittel nicht tranken,
Die verordnet er den Kranken,
Tot sich stellte, daß den Willen
Seine Kinder ihm erfüllen. –

> Kein Verständ'ger wird ihn rügen
> Wegen dieser frommen Lügen. –
>
> So tu ich, der Herr der Wesen,
> Der sie läßt vom Leid genesen,
> Ich, ihr Vater, selbstentstanden,
> Der befreit von Leidensbanden,
> Als ob ich gestorben wäre,
> Denn sie folgen meiner Lehre
> Sonst nicht, weil ihr Geist verblendet
> Und vom Wahren abgewendet. *(Lotus, Kap. 15)*

Der Buddha als Nothelfer

In den Strophen 26 ff. des 10. Buches führt der Buddha weiter aus, in welcher Weise er seinen Anhängern seine Gnade erweist.

> Dies mein Selbst hier hat bestanden
> In unzähligen Regionen,
> Denn ich predige die Wahrheit
> Unermüdlich seit Äonen.
>
> Dem, der dieses Sûtra darlegt,
> Wenn ich selbst längst abgeschieden,
> Schaff' durch meine Zauberkünste
> Viele Helfer ich hienieden.
>
> Wird beschimpft er und geschlagen,
> Wird bedroht er und gesteinigt,
> Schützen ihn die Truggestalten,
> Die ich rings um ihn vereinigt.
>
> Wenn er einsam in dem Walde,
> Ganz der Wahrheit hingegeben,
> Ihren Sinn sucht zu ergründen,
> Doch in ehrlichem Bestreben

Über einen Satz der Schriften
Dennoch sich nicht ist im klaren,
Tret' in Lichtgestalt ich zu ihm,
Um ihm dies zu offenbaren.

Ist allein er in der Wildnis,
Um das Studium zu beenden,
Will ich Geister ihm und Götter,
Die ihn unterhalten, senden.

Also zeig' ich stets mich denen,
Die in Treue mich verehren,
Sei's in stiller Bergesklause,
Sei's, wenn andre sie belehren.

4

DER BUDDHA AMITÂBHA UND SEIN PARADIES

Steht im „Lotus des guten Gesetzes" der zu einem überirdischen Wesen erhöhte historische Buddha Shâkyamuni im Mittelpunkt, so ist das Sûtra der ausführlichen Schilderung des reinen Landes (Sukhâvatî-vyûha) dem Preise des mythischen, idealen Buddha Amitâbha, des „Buddhas des unermeßlichen Glanzes", geweiht. Shâkyamuni erzählt hier, wie ein frommer Mönch Dharmâkara einen früheren Buddha namens Lokeshvararâja (König der Weltenherrn) verehrt und das Gelübde ablegt, selbst ein Buddha zu werden, jedoch erst dann seine Würde anzunehmen, wenn er die Macht habe, ein überirdisches Land ins Dasein zu rufen, in dem es kein Leid und keine Leidenschaft gibt. In diesem seligen Reiche reifen alle, welche dem Amitâbha gläubig ergeben waren, zur Erleuchtung heran, weil hier nichts ist, was sie von ihrem Wege zum Heil abbringen könnte. – Der Text ist das Hauptwerk von heute vor allem in China und Japan einflußreichen Schulen, welche der Überzeugung sind, daß der Durchschnittsmensch zu schwach sei, um aus eigener Kraft die Erlösung zu erringen, daß er aber durch die Gnade Amitâbhas gerettet werden könne.

So habe ich gehört. Zu einer Zeit weilte der Erhabene in Râjagriha auf dem Geierkulmberge mit 32000 Mönchen und mit vielen Bodhisattvas.

3. Und der Erhabene sprach zu (seinem Lieblingsjünger) Ânanda: Vor unendlich langer Zeit entstand in der Welt ein Buddha mit Namen Lokeshvararâja, im Wissen und Wandel ausgezeichnet, ein Kenner der Welt, ein Führer der Menschen, ein Lehrer der Götter und Menschen. Und zur Zeit, als er die Lehre verkündete, lebte ein Mönch von edlem Streben, Dharmâkara.

4. Und dieser pries den Erhabenen mit folgenden Strophen:

> Unermeßlich ist dein Glanz, unendlich leuchtet
> Deines Wissens Licht, nichts kann ihm gleichen,
> Selbst der Silbermond auf Shivas Flechten
> Und der Glanz des Sonnengotts ihm weichen.

> Unausdenkbar tief ist, was du uns verkündest,
> Ein Erleuchteter, gleichst du dem tiefen Meere,
> Mög' auch ich dereinst ein Buddha werden,
> Von dem Tod erlöst durch deine Lehre.

> Über Weltsysteme, zahlreich wie die Körner
> Von dem Sande, der im Gangesfluß enthalten,
> Soll mein Licht durchstrahlen alle Buddhaländer:
> Solche Anstrengung will künftig ich entfalten!

> Frei von Hang will ich die Welt erkennen,
> Allen Wesen helfen die Erkenntnis finden,
> In den tiefsten Höllenpfuhl versunken
> Soll mir nie des Schwures große Kraft entschwinden.

5. Darauf belehrte ihn Lokeshvararâja und verkündete ihm eine Million von Jahren hindurch die Vorzüge von 81 000 000 Kotis von hunderttausend Myriaden Buddhaländern.

6. Und Dharmâkara ging fort und umfaßte fünf Weltalter

hindurch im Geiste die Vorzüge aller Buddhaländer. Dann kam er wieder zum Buddha und sprach: »Möge der Erhabene mein Gelübde hören und vernehmen, welche Vorzüge mein Buddhaland haben soll, wenn ich zur vollen Erleuchtung gekommen. Möge ich nicht zur vollen Erleuchtung erwachen, wenn es in meinem Buddhaland eine Hölle, eine Tier-, Gespenster- oder Dämonenwelt gibt, wenn in ihm Wesen leben, die nicht im Besitz der höchsten Vollkommenheit sind, solche, bei denen die Sünde selbst dem Namen nach unbekannt ist, Wesen, die wenn sie mich in ihrer Todesstunde verehren, noch öfter als einmal in einer guten Existenz wiedergeboren werden müssen ... Und als Dharmâkara dieses Gelübde in 46 (in der chinesischen Übersetzung 48) Punkten abgelegt, vervollkommnete er sich in den Pflichten eines Bodhisattva, führte viele Wesen zum Heil und häufte einen unendlichen Schatz von Verdiensten an.

Auf die Frage Ânandas, ob der Bodhisattva Dharmâkara ins Nirvâna eingegangen sei, sagt dann Shâkyamuni: »Er ist weder gegangen, noch wird er erst kommen, sondern, zu höchster Erleuchtung gelangt, ein Buddha geworden, weilt er jetzt im westlichen Teil (des Universums), von dieser Welt um hunderttausend von Myriaden von Kotis von Buddhaländern entfernt, in dem Buddhalande „Sukhâvatî" und heißt Amitâbha (unendlichen Glanz besitzend). Er predigt dort unermeßlich vielen Bodhisattvas, verehrt von unendlich vielen Shrâvakas.

14. Die Lebensdauer des Buddha Amitâbha ist unermeßlich lang, und es sind zehn Weltalter her, daß er erwacht ist.

16. Die Welt Sukhâvatî des Buddha Amitâbha ist reich und blühend. Es gibt dort viele Götter und Menschen, aber keine unwillkommenen Daseinsformen. Sukhâvatî ist von mancherlei Wohlgerüchen erfüllt, geschmückt mit schönen Blumen und Bäumen, über welche schön singende, von Tathâgata magisch geschaffene Vögel fliegen (da es keine tierischen Wiedergebur-

ten dort gibt, kann es auch keine natürlichen Vögel geben). Die Lotosblumen dort sind aus Edelsteinen und von riesigem Umfang. Es gibt dort keine Berge, sondern alles ist dort ganz eben, wie eine Handfläche. Gewaltige Flüsse strömen ruhig dahin, ihr Wasser ist je nach Wunsch kalt oder warm. Stets erklingen schöne Töne, die zur Freude, zur Leidenschaftslosigkeit, zur Ruhe anregen. Zwischen Göttern und Menschen gibt es dort keinen Unterschied. Die Wesen genießen keine stofflichen Speisen, sondern was für Nahrung sie sich wünschen, von der fühlen sie sich erquickt. In gleicher Weise erfüllen sich ihre Wünsche nach Düften, Musik, Schmuckstükken usw. Zu verschiedenen Tages- und Nachtzeiten wehen Winde, die lieblich duftende Blüten herabfallen lassen.

33. Alle Bodhisattvas, die dort wiedergeboren werden, sind nur noch an diese eine Geburt gebunden und werden von dort aus die vollkommene Erleuchtung erlangen.

38. Und die Wesen, die in diesem Buddhalande geboren werden, sprechen nur von der heiligen Lehre. Es besteht daselbst nicht die Vorstellung von Eigentum, von Freude und Schmerz, von Mein und Dein, von Ungleichheit, kein Streit und kein Hader. Einträchtig, wohlwollend, sanft sind sie alle zur Erkenntnis vorgedrungen. Auf wunderbare Weise (d. h. ohne aus einem Mutterleib geboren zu sein) entstanden, erscheinen die Menschen dort in oder auf Lotuskelchen sitzend. Diejenigen, die noch Zweifel hegten hinsichtlich Sukhâvatîs, die haben ihren Wohnsitz *in* den Kelchen, die, die nicht zweifelten, sitzen mit untergeschlagenen Beinen *auf* den Kelchen. Die Zweifler haben zwar angenehme Vorstellungen, sie entbehren aber des Anblicks des Buddha und des Hörens seiner Lehre für fünfhundert Jahre. Daran sieht man, zu welchem Unheil der Zweifel führt. Darum sollen die Bodhisattvas ohne zu zweifeln den Gedanken an die Erleuchtung in sich entstehen lassen, die Kraft, allen Wesen Gutes zu tun, in sich ausbilden und die Wurzeln des Heils in sich entwickeln, damit sie wie-

dergeboren werden in der Welt Sukhâvatî, wo der erhabene Amitâbha weilt, der Tathâgata, der Arhat, der Vollkommenerleuchtete.

5

DIE DREI KÖRPER EINES BUDDHA

Die Notwendigkeit, die drei Aspekte, unter denen ein Buddha vorgestellt werden kann, miteinander zu vereinigen, fand in der Lehre von den „drei Körpern" eines Buddha ihre spekulative Ausdeutung. Danach ist der ins Nirvâna eingegangene Vollendete das über alle individuelle Beschränkungen erhabene, ewig ruhevolle transzendente Absolute und zugleich das Prinzip des höchsten Heils. Dieser Aspekt wird als Dharma-kâya bezeichnet, was sich etwa als Leib der metaphysischen höchsten Wirklichkeit übersetzen läßt. Die glänzende überirdische Gestalt, in welcher der in himmlischen Welten weilende Vollendete erscheint, wenn sich die mystische Schau der Verehrer auf ihn richtet, heißt sein Sambhogakâya, d. h. Leib des Genusses. Die der Welt des Scheins angehörige Form, in der sich ein Buddha als vergänglicher Mensch manifestiert, heißt Nirmâna-kâya, der Leib der magischen Verwandlung.

Das folgende Gedicht ist die Übersetzung eines Sanskrit-Hymnus auf einer 982 n. Chr. in Bodh Gayâ vom Chinesen Fa-t'ien angebrachten Votiv-Inschrift. Die letztere wurde von Sylvain Lévi in „Revue de l'Histoire des Religions" XXXIV 1 (Paris 1896), p. 15, zuerst herausgegeben und von L. de La Vallée Poussin in J. R. A. S. (1906), p. 955, erneut behandelt.

> Verehrung sei dem Dharma-Leib:
> Von Einheit und von Vielheit fern,
> Ist er für sich und andere
> Der Heilsgewinnung letzter Kern.
>
> Ihm eignet Nichtsein nicht noch Sein,
> Sein Wesen ist Nicht-Wesenheit,
> Umfassend wie der leere Raum,
> Entbehrt er jeder Sonderheit;
> Unwandelbar und unbefleckt,
> Von ewiger Allgegenwart,

Dem Denken immerdar entrückt,
Ist einzig er in seiner Art.
Von höchster Seligkeit erfüllt,
Durch Wortbegriffe nie erklärt,
Der Fromme seines Wirkens Macht
Im eig'nen Inneren erfährt.

Verehrung dem Sambhoga-Leib,
Der der Gemeinde nur sich zeigt
In seinem übergroßen Glanz,
Dem Frommen gnädig zugeneigt.
Von hundertfachem gutem Werk
Erscheint in ihm die edle Frucht
So wunderbar, daß ihn der Geist
Vergeblich auszudenken sucht.
Die Buddhawelten insgesamt
Durchstrahlt sein ungehemmtes Licht
Zur Freude aller Heiligen,
Die ihn erschau'n von Angesicht.
Von ihm geht aus ohn' Unterlaß
Des heiligen Gesetzes Ton:
Fest steht er unerschütterlich
Im Königreich der Religion.

Verehrung dem Nirmâna-Leib,
Der bald wie Feuer leuchtend glüht,
Wenn er der Lebewesen Schar
Fürs Heil zu reifen sich bemüht,
Bald unbewegt und ruhig strahlt,
Wenn die Erleuchtung er erreicht
Und wenn der Lehre Rad er dreht,
So daß dem stillen Licht er gleicht.
In vielerlei Gestalt und Form
Gar manchen Kunstgriff, manche List
Gebraucht er beim Bekehrungswerk,

Wenn die zehn Zonen er durchmißt.
Durch dies sein segensreiches Tun
Gibt er den Wesen Sicherheit,
Die die drei Welten immerdar
Von alles Wahnes Furcht befreit.

Die Dreiheit der Erscheinungsform,
Unkündbar durch Begriff und Wort,
Verehr' ich bei den Weltenherrn,
Die Gutes wirken fort und fort,
Die zu des großen Fahrzeugs Heil
Hinführen aller Wesen Schar,
Von höchstem Mitgefühl erfüllt
Und voll Erbarmens immerdar.
Wenn glaubensvoll ich so mich neig',
Des Guten Wurzeln mir gedeihn,
Der Keim der Bodhi wächst in mir,
Und die drei Körper werden mein.
Dann will ich diese ganze Welt
Hinführen zum Erleuchtungspfad,
Bis sie, durch mich zu ihm gelangt,
Das höchste Heil erfahren hat.

II DIE LEHRE

1

WESEN UND BESTIMMUNG DER LEHRE

In einem schönen Gleichnis wird im Lotusbuch *(5, 5 ff.)* die Lehrverkündigung des Erhabenen mit dem Regen einer Wolke verglichen, der alle Lebewesen gleicherweise erquickt. Der Buddha sagt:

> Gleichwie eine große Wolke
> Mächtig sich am Himmel streckt
> Und, das Firmament erfüllend,
> Diese Erde rings bedeckt,
> Gleichwie sie im Kranz der Blitze
> Jeden, der sie schaut, entzückt,
> Während ihres Donners Stimme
> Aller Wesen Herz beglückt,
> Gleichwie sie, die Sonnengluten
> Kühlend, sich herniedersenkt
> Und, fast mit der Hand zu greifen,
> Schnell das ganze Erdreich tränkt,
> So daß alle Kräuter sprießen
> Und an Bäumen, groß und klein,
> Ihre Rinden, Äste, Früchte
> Ringsum wachsen und gedeihn,
> Gleichwie sie mit ihrem Wasser,
> Ist es auch derselbe Saft,
> Allen Pflanzen Wachstum spendet
> Je nach Standort und nach Kraft:
> So laß regnen auf Millionen
> Ich mein Wort von nah und fern,
> Das, verschieden aufgenommen,
> Ewig bleibt sich gleich im Kern.

Sel'ge Ruhe und Befreiung
Und Erleuchtung es verheißt;
Allen Hohen, allen Niedern
Es dasselbe Endziel weist.
Unermüdlich wie der Regen
Es zur Erde niederfließt:
Auf die Toren, auf die Klugen
Sich das höchste Gut ergießt.

Die Macht des Buddhawortes

Das edle Wort der zaubermächt'gen Buddhas,
Nach Sinn und Ausdruck lieblich und erlesen,
Verstehen alle Völker, selbst die Darden,
Die Griechen, Perser, Skythen und Chinesen.

(Mahâvastu I p. 171)

Kein Wesen gibt es, das vernahm die Lehre
Und nicht ein Buddha selbst geworden wäre.
Denn diese Macht ist allen Buddhas eigen:
Den Weg, den selbst sie gehn, den anderen zu zeigen.

(Lotus 2, 99)

Sonne und Mond, diese beiden Mächtigen und hochgeehrten (Himmelslichter) könnten auf die Erde herabfallen, Sumeru, der König der Berge, könnte sich von seinem Ort fortbewegen – aber das Wort des Buddha ändert sich nicht.

Bhaishajya-guru-vaidûrya-prabhâ-râja-Sûtra (Shiksh p. 174)

Die Verschiedenartigkeit der in den Texten des Kleinen und des Großen Fahrzeugs vorgetragenen Anschauungen wird von den Mahâyânisten dahin erklärt, daß der Buddha zwar schon das Mahâyâna verkündet habe, daß die Texte aber zurückgehalten worden seien, weil die Zeit für ihr Verständnis noch nicht reif war. So sagt Shâkymuni vom „Lotusbuch" *(13, 54)*:

> Dies ist das Sûtra, das aus meinem Munde
> Abschließend gibt von höchster Wahrheit Kunde.
> Ich scheute mich bisher, es zu verbreiten.
> Jetzt lehre ich es, nutzt es drum beizeiten!

Das Problem, daß innerhalb des Großen Fahrzeugs die Theorien über die „Leerheit" auseinandergehen, wird damit zu lösen versucht, daß die Predigt des Buddha sich der verschiedenen geistigen Aufnahmefähigkeit der Gläubigen anpaßt. Der folgende Spruch aus Dharmakîrtis „Bodhicittavivarana" wird auch von brahmanischen Autoren mehrfach zitiert (so gegen Ende des Buddhismus-Kapitels von Mâdhavas „Sarvadarshanasangraha"):

> Die Lehrverkündigung der Welterleuchter
> Erscheint auf Erden wunderbar gespalten,
> Gemäß der Sinnesart der Lebewesen
> Tritt sie hervor in vielerlei Gestalten.
> Vom tiefen Denker bis zum geistig Flachen
> Unendlich viele Stufen sind hienieden.
> Drum ist, was unter „Leerheit" wird begriffen,
> In den Systemen mannigfach verschieden.

2

DER UNTERBAU

Die Lehren, welche mit denen des „Kleinen Fahrzeugs" übereinstimmen

Die Lehre des Großen Fahrzeugs stellt einen Überbau über die des Kleinen dar. Deshalb erkennt sie deren philosophische Vorstellungen als Grundlagen der buddhistischen Weltanschauung und Heilslehre an, vor allem die Theorie von den Dharmas (unpersönlichen Daseinsfaktoren). Beiden Schulen gemeinsam ist deshalb das berühmte Glaubensbekenntnis: ›Die Dharmas, die ursächlich bedingt sind, deren Ursache(n) hat der Tathâgata (Buddha) dargelegt und auch die Aufhebung dieser Dharmas. Solches lehrte der große Asket.‹ *(zuerst Vinaya, Mahâvagga 1, 23 I p. 40)*; in freier Nachbildung:

> Die Kräfte, die bedingt entstanden,
> Die Ursachen, die sie entbanden,
> Und wie ihr Schwinden vor sich geht,
> Das lehrte Buddha, der Asket.

Der leidvolle Charakter alles Daseins wird in vielen Strophen dargelegt, so heißt es im „Mahâvastu" *II p. 165 und 155*:

> Wenn es Geburt nicht gäbe und nicht Tod,
> Nicht Siechtum noch des Greisenalters Not,
> Wär' manchem Wunsch Erfüllung nicht versagt,
> Und müßten wir nicht dulden, was uns plagt,
> Erwiese sich oft Hoffnung nicht als Schein,
> Und könnte Glück je unvergänglich sein,
> Dann könnt' des Menschen Leben einer reichen
> Und ungetrübten Freudenquelle gleichen.
>
> Wer einen Alten, Kranken, Toten hat gesehen
> Und vor ihm konnte ohne Schauder stehen,
> Ist zu beklagen; denn er ist ein Tor,
> Ein Blinder gleichsam, der den Weg verlor.

In einem Gespräch mit dem König Shreniya (Bimbisâra) von Magadha läßt Ashvaghosha *(Buddhacarita XI 2–71)* den Buddha die Vergänglichkeit und Relativität aller irdischen Genüsse darlegen. Der Buddha sagt dort:

> Giftgeschwoll'ne Schlangen, Himmelsblitze,
> Sturmgepeitschte, grelle Feuerflammen
> Fürcht' ich nicht so wie die bösen Lüste,
> Die der weiten Sinnenwelt entstammen.
>
> Denn sie rauben uns das Heil wie Diebe,
> Einem leeren Trugbild zu vergleichen,
> Sie bezaubern uns, solang wir hoffen,
> Wie viel mehr noch, wenn wir sie erreichen!
>
> Ach, die Lustbetörten finden nirgends
> Ruhe; nicht im Himmel noch hienieden,

Gleich den windgeschürten Feuersgluten,
Die mit ihrem Brennholz nie zufrieden.

Haben sie die Erde erst erobert,
Streben sie hinaus nach höhren Zielen,
Nie begnügt die Welt sich mit Erlangtem,
Nie das Meer mit Tropfen noch so vielen.

Welcher Weise kann wohl seine Freude
An erborgten Reichtums Schätzen finden,
Die, kaum daß sie mühevoll erlangt sind,
Allsogleich zerrinnen und entschwinden.

Eitler Glanz treibt Motten in das Feuer,
Die Gazellen fängt man leicht durch Singen,
Fische schlucken mit dem Fleisch den Haken:
Die Begierden immer Unheil bringen.

Alle Dinge, die Genuß uns geben,
Dienen nur dazu, ein Leid zu enden,
Wie die Kleider, die dem nackten Menschen
Kälte wehrend ihre Wärme spenden.

Wasser ist erwünscht, weil es den Durst löscht,
Weil den Hunger sie vertreibt, die Speise,
Gegen Regen, Wind und Sonnenhitze
Schützt das Haus uns in begrenzter Weise.

Wer die kühlungspendenden Arzneien,
Welche Ärzte Gallenkranken geben,
Werten will als Mittel des Genusses,
Dem mag wohl genußreich sein das Leben.

Dazu kommt, daß oft dasselbe Ding auch,
Das uns heute Freude kann gewähren,
Morgen nichts als Unbehagen spendet,
Wenn sich die Verhältnisse verkehren.

Kohlenfeuer sowie schwere Kleidung
Sind bei Hitze schlecht, gut, wenn wir frieren,

In der Wärme freut uns Mond und Sandel,
Die bei Kälte ihren Reiz verlieren.

Gegensätzlich sind die Erdendinge,
Tragen in sich Freuden bald, bald Leiden,
Keinem wird zuteil nur Glück, nur Unglück,
Sondern jeder hörig bleibt den beiden.

Da stets Glück und Unglück eng verbunden,
Fürst und Sklave sich am Ende gleichen,
Denn der Sklave ist nicht immer traurig,
Und die Sorgen auch den Fürst beschleichen.

Auch dem Welteroberer kann nur eine
Einz'ge Stadt jeweils als Wohnsitz dienen,
Was er sonst hat, das genießen andre,
Was er tut, es dient nicht ihm, nein, ihnen.

Auch dem König kann ein Bett genügen,
Ein Maß Reis kann seinen Hunger stillen,
Alles andre, was ihm sonst zu eigen,
Hat er doch nur um des Dünkels willen.

Mögen andre sich die Fülle wünschen,
Weil sie sonst nicht froh zu sein vermeinen,
Ich bin ohne Königtum zufrieden,
Schätze mir bedeutungslos erscheinen.

Dem, der bettelnd lebt, still und genügsam,
Um dem Werdekreislauf zu entrinnen,
Wird im Jenseits und in diesem Leben
Höchstes Heil geschenkt: das Glück von innen.

In der Welt gibt es nirgends etwas Beharrendes, alles ist in ständigem Fluß begriffen, ein Zustand macht einem andern Platz.

Wenn die Leibesfrucht vergeht,
In der Welt das Kind entsteht,
Wenn die Kindheit ist vergangen,
Hat die Jugend angefangen,

Aus der Jugend, die verflossen,
Ist die Blütezeit entsprossen,
Aus der Blüte, die verklungen,
Ist das Greisentum entsprungen.
Wie kann da man nur als *einen*
Diesen Leib ansehn und meinen,
Daß er lange Zeit besteht,
Wo er ständig doch vergeht,
Wie ein Nagel, wie ein Haar
Immerfort ein andrer war!

Tathâgataguhyaka-Sûtra (Shiksh p. 358)

Es gibt nirgends etwas, was unverändert verharrt, vor allem kein unvergängliches Selbst, sondern nur einen Strom von wechselnden Dharma-Kombinationen.

Unbeständig und vergänglich
Sind die Sinne, Leib und Geist,
Ohne Selbst und ohne Leben,
Leidvoll man und leer sie heißt.

Ungezählte Dharmas treten
In den sichtbaren Bereich,
Ursächlich bedingt geworden,
Ohne Kern, dem Raume gleich.

Niemand handelt und empfindet
Je die Wirkung einer Tat,
Niemand erntet ihre Folgen,
Gute nicht noch schlechte Saat. *(Lal 26 p. 418)*

Das Körperliche ist ein Schaumball nur,
Ein Wasserbläschen der Gefühlsbereich,
Die Vorstellungen sind ein Luftgebild,
Marklosem Pisang sind die Kräfte gleich.
Und das Bewußtsein ist ein Blendwerk bloß,
So lehrt es uns der edle Sonnensproß.*

---

* Der Buddha Shâkyamuni führte seinen Stammbaum auf den Sonnengott zurück.

Die Lehre

> Der Mönch, der so die Dharmas recht erschaut
> Bei Tag und Nacht in heiligmäß'gem Leben
> Voll Tatkraft, aufmerksam und vollbewußt,
> Erfüllt von kämpferischem Streben:
> Der dringt hindurch zu edler Ruhe Stätte
> Und macht sich frei von des Sansâra Kette.
>
> *(Sa 22, 95, 15; Candrakîrti zu MK 1, 1 p. 41)*

Das Eigentümliche, was den Buddhismus von allen andern Religionen unterscheidet, sehen die Meister des Mahâyâna ebenso wie die Meister des Hînayâna darin, daß die Existenz eines unvergänglichen Selbst abgelehnt und damit auch in der Theorie jede egozentrische Basis ausdrücklich aufgegeben wird:

> Solange Selbstsucht im Gemüte wurzelt,
> Der Werdekreislauf nie ein Ende hat;
> Nur Buddha lehrt, daß es kein ew'ges Selbst gibt:
> Zum Heil führt darum nie ein andrer Pfad.
>
> *(Yashomitra, Komm. zum Abhidharma-kosha Kap. 9 Anfang)*

Der Buddhismus distanziert sich von anderen, nicht-buddhistischen Versuchen, die Welt zu deuten, indem er weder eine Urmaterie noch einen Gott noch beide als Urgrund der Welt anerkennt und auch nicht einen unberechenbaren Zufall als Ursache des Weltprozesses ansieht:

> Nach andern Meistern ist die Welt des Leidens
> Entweder selbstentstanden oder gottgemacht,
> Sie ward von selbst nach eines Gottes Willen,
> Nach andern hat ein Zufall sie hervorgebracht.
> Im Gegensatz dazu die Buddhas sagen:
> »Gesetzmäßig bedingt durch Seinsfaktoren
> Entstehen Dharmas, die zusammenwirken
> Und schnell vergehn, nachdem sie kaum geboren.«
>
> *(Lokâtîtastava 19)*

Das Weltgeschehen hat darum keinen Anfang, aber ebensowenig auch das Heilsgeschehen. *(Mahâvastu I p. 124)*

> Nicht läßt ein erster Anbeginn sich finden,
> Von dem an dieses Daseinsrad sich dreht,
> Noch auch ein erster Anfangspunkt, von dem an
> Dies tausendfält'ge Weltsystem entsteht.
>
> So weiß man nicht, von wann an sind zu zählen
> Die großen Buddhas der Vergangenheit,
> Noch jene, welche das Gelübde nahmen,
> Das sie von aller Daseinsqual befreit,
>
> Und auch die Helden, welche von sich warfen
> Die Wirkekräfte, die erzeugt das Tun,
> Und jene, die, dem Werdespiel entronnen,
> Erlöst für immer im Nirvâna ruhn.

In großartiger Schau gibt der Bodhisattva Maitreya am Anfang des Lotusbuches eine Beschreibung des durch den Lichtstrahl des Buddha *(oben S. 133)* sichtbar gemachten Universums, in welchem die unendlich vielen Wesen auf verschiedenen Stufen ihrer geistigen Entwicklung dem Heil zustreben.

> Bis zu der Hölle und der Welten Grenze
> Seh' ich das unermeßlich große All,
> Und zwischen den sechs Daseinsformen* wechselnd
> Den Weg der Wesen von Geburt zum Fall.
>
> Die Buddhas sehe ich, die Königslöwen,
> Wie sie das heilige Gesetz enthüllen
> Und zu dem Heil von vielen Millionen
> Die Welt mit ihrer Stimme Schall erfüllen.
>
> Unendlich wie die Sandkörner im Ganges
> Seh' Bodhisattvas ich durch Geistesmacht
> Die lange Straße zur Erleuchtung wandern,
> Bis sie zum höchsten Daseinsziel erwacht.
>
> Sie opfern ihren Kopf und ihre Augen
> Und scheuen selbst auch vor dem Tode nicht;
> Gelassen spenden rings sie ihre Gaben
> Und streben froh nach der Erkenntnis Licht.

---

* Götter, Dämonen, Menschen, Tiere, hungrige Geister und Höllenwesen.

Mit einem Kranz von leuchtenden Juwelen
Der Tugend mancher die Erleuchtung sucht;
Für solche, die den reinen Wandel üben,
Erfüllt sich die Erlösung durch die Zucht.

Bescheiden dulden andre Buddha-Söhne,
Wenn ihren Wandel stolze Mönche schmähn,
Nicht achtend der Verleumdung und Bedrohung,
Sie unbeirrt hin zur Vollendung gehn.

Durch Weisheit suchen andre Bodhisattvas
Den Eingang in des Buddhawissens Reich,
Erhaben über alle Gegensätze,
Durchziehen sie die Welt, den Vögeln gleich.

Ich sehe Tausende von Stûpas leuchten,
An denen frommer Glaube sich entzückt,
Und deren Zahl dem Gangessand vergleichbar,
Geweihten Boden aller Lande schmückt.

Ich sehe hier die vielen Lebewesen,
Die Erde und den Himmel, überall
Bedeckt mit Blüten und ringsum erleuchtet
Durch diesen einen hellen Buddhastrahl.

3
DER ÜBERBAU

Die „mittlere Lehre"

Der alte Buddhismus hatte sich als eine „mittlere Lehre" bezeichnet, weil er in der Lebensführung der Mönche die Mitte zwischen Genußleben und Selbstquälerei halten wollte; er gebraucht das Wort aber auch schon zur Charakterisierung seiner „Philosophie des Werdens": diese liegt in der Mitte zwischen einer Theorie, welche unvergängliche Seelen usw. annimmt, und einer solchen, welche die Individuen nach dem Tode vernichtet werden läßt, ohne daß eine Vergeltung stattfindet. *(Sa 12, 15, vgl. S. 61)* Nâgârjuna (2. Jahrh.

n. Chr.) verwendet das Wort in einem neuen Sinne, seine mittlere Lehre ist eine solche, die über den Gegensatz von Sein und Nichtsein zur übergegensätzlichen Streitlosigkeit fortschreitet: die letzte Wahrheit ist Schweigen.

Die ältere Lehre hatte von den Dharmas betont, daß sie nur von flüchtiger Dauer sind, die spätere Theorie hat jedem Daseinsfaktor nur die Spanne eines Augenblicks zugebilligt; es gibt nur Momentan-Existenzen, die, wenn ihr Dasein zu Ende ist, gegebenenfalls durch Faksimilia ihrer selbst ersetzt werden. So heißt es in einem Zitat bei Buddhaghosa *(Visam p. 624 vgl. oben S. 71)*

> Auch Götter, die jahrtausendlang
> Sich freu'n in ihrem Himmelsreich,
> Sie bleiben niemals mit sich selbst
> Für nur zwei Denk-Momente gleich.

Die Theorie, daß die Dharmas alle nur einen Augenblick bestehen, verbindet sich mit der Feststellung, daß sie ihr Ins-Dasein-Treten jeweils einer Vielheit von Ursachen verdanken, mithin in ihrer Existenz von anderen abhängig sind und eines eigenen wahren Seins entbehren. Sie sind daher hohl oder leer, „shûnya". Das Wort wird schon *M 64 I p. 435* und anderwärts im Sinne von wesenlos gebraucht. In einem berühmten Gedicht *(Snip 1119)* heißt es:

> Als leer betrachte diese Welt,
> Und lasse jeden Wahn von einem Selbst verschwinden!
> Wer dieses Wissen fest im Geiste hält,
> Der wird den Tod für immer überwinden.
> Der Tod hat keine Macht mehr über den,
> Für welchen Selbst und Welt nicht mehr bestehn.

Das Wort „leer" schien deshalb vortrefflich dazu geeignet, den unsubstantiellen, relativen Charakter der Erscheinungswelt zu bezeichnen. Indem alles in ihr als bedingt gelten muß, besitzt sie keine wahre Wirklichkeit, sondern nur ein erborgtes Scheindasein. Diese Erkenntnis wird in den Sûtras der „Vollkommenheit der Erkenntnis" in immer erneuten Variationen vorgetragen, in Texten, die um die Zeitwende entstanden sein mögen.

Als Probe dieses umfangreichen Schrifttums folgt hier ein Auszug aus einem kürzeren Werk dieser Textgruppe, der „Vajracchedikâ" (dem Diamantschneider).

So habe ich gehört. Zu einer bestimmten Zeit verweilte der Erhabene in Shrâvastî, im Jetawalde, im Garten des Anâthapindada mit einer großen Zahl von Mönchen, mit 1250 Mönchen und mit vielen Bodhisattvas. Und der ehrwürdige Subhûti sprach zu dem Erhabenen: »Wie sollen ein edler Sohn oder eine edle Tochter, wenn sie das Bodhisattva-Fahrzeug bestiegen haben, sich benehmen, wie sich verhalten, wie sich geistig einstellen?« Der Erhabene sagte zu ihm also: »Ein Bodhisattva soll in sich folgenden Gedanken entstehen lassen: ›So viele Lebewesen es gibt, aus dem Ei geborene (Vögel), aus dem Mutterleibe geborene (Tiere, Menschen), aus dem Schweiß geborene (Ungeziefer) oder durch wunderbares Erscheinen ins Dasein getretene (Götter, Dämonen, Höllenwesen usw.) – die sollen alle von mir im Nirvâna-Element (dhâtu) zum Erlöschen gebracht werden. Und wenn ich so unermeßlich viele Lebewesen zum Erlöschen gebracht habe, so ist (damit, in Wahrheit) doch kein Lebewesen zum Erlöschen gebracht worden. Und aus welchem Grunde? Wenn bei einem Bodhisattva die Vorstellung von einem Lebewesen oder von einem Individuum (als einer Realität) fortbesteht, dann ist er nicht als ein Bodhisattva anzusprechen.‹«

Und weiterhin sprach der Erhabene zu dem ehrwürdigen Subhûti: »Was meinst du, Subhûti: Existiert ein Dharma (Ding, d. h. Daseinsfaktor), der von dem Tathâgata als die höchste Erleuchtung erkannt und aufgezeigt worden ist?« Da sagte Subhûti zum Erhabenen: »Soweit ich den Sinn des vom Erhabenen Dargelegten verstehe, existiert ein solcher Dharma nicht, denn er ist unfaßbar und unaussprechlich. Es gibt keinen solchen Dharma noch Nicht-Dharma. Die Edlen sind mächtig durch das Nichtbedingte. (D. h. für sie gilt nur das Übergegensätzliche, Nicht-Relative, von allen Beziehungen auf etwas anderes Unabhängige).«

Der Erhabene sprach: »Wenn ein Bodhisattva sagte: ›Ich werde Massen von Buddhaländern entstehen lassen‹, so würde er nicht der (höchsten) Wahrheit gemäß reden. Denn die Massen von Buddhaländern sind vom Vollendeten als Nicht-Massen erklärt worden. Deshalb werden sie (nur vom Standpunkt der relativen, niederen Wahrheit aus) von ihm als ›Massen von Buddhaländern‹ bezeichnet. Deshalb soll ein Bodhisattva in sich ein Denken entstehen lassen, das sich nicht auf die körperliche Erscheinung, nicht auf Töne, Düfte, Geschmäcke, auf Tastbares oder auf Gedankendinge gründet.«

»Und ferner, Subhûti, wenn ein edler Sohn oder eine edle Tochter zu Pulver zerriebe alle Staubkörner in dem Tausende von dreitausend (Welten) umfassenden Weltsystem, wie es bei Anwendung unermeßlicher Kraft möglich wäre, was glaubst du wohl: wäre diese so entstandene Menge von Atomen groß?« Subhûti sprach: »Gewiß wäre sie (vom Standpunkt der niederen Wahrheit aus gesehen) groß. Aber was vom Erhabenen (vom Standpunkt der niederen Wahrheit) als groß verkündet wird, das ist vom Erhabenen (vom Standpunkt der absoluten Wahrheit aus) als eine ›Nicht-Anhäufung‹ verkündet worden. Und was vom Vollendeten (vom relativen Standpunkt aus) als das Tausende von dreitausend Welten umfassende Weltsystem verkündet wurde, das ist vom Vollendeten (vom Standpunkt der höchsten Wahrheit aus) als ein ›Nicht-Weltsystem‹ verkündet worden.«

»Und wenn, Subhûti, ein Bodhisattva unermeßliche, unzählbare Weltsysteme mit sieben Schätzen anfüllte und den Buddhas als Spende darbrächte und (andererseits) ein edler Sohn oder eine edle Tochter hier aus der ›Vollkommenheit der Erkenntnis‹, diesem Lehrtext, am Ende eine Gâthâ (Strophe) von vier Zeilen auszöge und sie lernte, aufzeigte, darlegte und sich zu eigen machte, und anderen ausführlich erklärte, – so würde dieser (zweite) damit eine größere Menge von guten Werken erzeugen, eine unermeßliche, unzählbare (Menge von Verdienst). Und wie sollte er (diesen Text) erklären? So wie beim Weltraum:

Die Lehre 165

> ›Wie Sterne, Trübung, Licht und Wasserblase,
> Wie Truggebilde, die vorübergehn,
> Wie Träume, Blitze, Tautropfen und Wolken,
> So soll man das Bedingte richtig sehn.‹«

So sprach der Erhabene mit erhobenem Geiste. Der Älteste Subhûti und die Mönche und Nonnen, die Laienanhänger und Laienanhängerinnen, die Bodhisattvas und die ganze Welt mit ihren Göttern, Menschen, Dämonen und Gandharven (Genien) aber freuten sich an der Rede des Erhabenen.

Der Sinn dieser Gleichnisse ist folgender: Der Sansâra verschwindet bei gewonnener Erkenntnis wie das Heer der Sterne bei Sonnenaufgang, wie die Augentrübung eines Kranken, er geht vorüber wie ein Blitz oder eine Wolke, er ist vergänglich wie eine Schaumblase oder ein Tautropfen und hat nur eine begrenzte Dauer wie ein Licht (Fackel), das wieder entfernt wird, ja er ist ohne Realität wie ein Traum oder ein Blendwerk.

Die auf die Prajnâpâramitâ-Texte sich gründende „mittlere Lehre" hat ihren eindringlichsten Ausdruck in den „Lehrstrophen" (Mâdhyamika-Kârikâ) Nâgârjunas und in einigen von seinem Kommentator Candrakîrti angeführten Versen gefunden. Ich gebe hier wieder: *1, 1; 25, 9; 25, 20; 17, 31; 13, 1; 24, 8; 18, 5; 25, 24; 24, 11; 27, 30.*

Nâgârjunas Werk beginnt mit Versen, in denen Buddha gepriesen wird, weil er die Identität der von allem Truge befreiten Erscheinungswelt mit dem Nirvâna festgestellt habe. In diesem, dem absoluten Leeren gibt es nicht: 1. Entstehen, 2. Vergehen, 3. unvermitteltes Aufhören, 4. ewige Existenz, 5. Vielheit, 6. Einheit, 7. Hinzukommen oder 8. Weggehen.

> Die Welt des abhängig entstandnen Scheins
> Ist mit dem seligen Nirvâna eins,
> Weil nichts jemals entsteht und untergeht,
> Spurlos verschwindet oder stets besteht.
> Nicht eins noch vieles ist, kein Gehen und kein Kommen.
> Dem großen Meister, der zu aller Frommen
> Dies aufgezeigt zu heilvoller Belehrung:
> Dem voll-erwachten Buddha sei Verehrung!

In anderen Strophen heißt es:

> Die ganze Welt ununterbrochnen Werdens,
> In der nur Abhängig-Bedingtes waltet,
> Die ist das unaussprechliche Nirvâna,
> Wenn Abhängig-Bedingtes ausgeschaltet.
>
> Dieselbe Grenze faßt den leidvollen Sansâra
> Und des Nirvâna stille Seligkeit,
> Denn zwischen beiden ist (im Lichte der Erkenntnis)
> Auch nicht die mindeste Verschiedenheit.

Die ganze Welt ist eben ein unwirkliches Zauberspiel:

> So, wie der Meister einen Zaubermenschen
> Hervorbringt nur durch seine Zauberkraft
> Und dieser Zaubermensch durch Zaubereien
> Selbst wieder einen Zaubermenschen schafft,
> So ist ein Zaubermensch ein jeder Täter,
> Ein Zauber die von ihm vollbrachte Tat,
> Die er, ein unwirkliches Zauberwesen,
> Durch Zauber nur hervorgezaubert hat.

Von diesem Standpunkt aus haben alle bedingten Dharmas kein reales Sein, da sie von anderen abhängig sind.

> ›Gestohl'ne Dinge wertlos sind‹,
> So hat der Buddha uns belehrt.
> Den Dharmas fehlt das eigne Sein,
> Sie sind drum ohne eignen Wert.

Wenn die Dharmas des Sansâra keine selbständige Wirklichkeit besitzen, dann kann auch das ihr negatives Gegenstück bildende Nirvâna keine haben *(Candrakîrti zu 25, 24)*:

> ›Ein Nicht-Nirvâna ist das Nirvâna‹,
> Die Buddhas legen höchsten Wert darauf,
> Ein Knoten, der geknüpft im Weltenraume,
> Löst sich im leeren Raume wieder auf.

Die Lehre

Ist die buddhistische Lehre darum zwecklos? Nein, sie ist vollgültig in der Welt des Scheins, um mit Hilfe von ihren theoretischen Darlegungen und praktischen Anweisungen den Weltentrug der Vielheit und Gegensätzlichkeit zu überwinden. Es gibt eben eine zwiefache Wahrheit, eine provisorische, behelfsmäßige des Scheins und eine höchste Wahrheit der undifferenzierten Leerheit.

>Zwiefache Wahrheit gibt es nach der Buddhas Meinung,
Die höchste Wahrheit und die Wahrheit der Erscheinung,
Die die Verschiedenheit der beiden noch nicht fanden,
Den allertiefsten Sinn der Lehre nicht verstanden.<

Es handelt sich also darum, durch die buddhistische Lehre und Zucht über alles hinauszukommen, was noch auf einer Gegensätzlichkeit beruht.

Erlösung kommt, wenn Tat und Sünde schwanden,
Denn beide sind aus Einbildung geboren,
Sie gründen sich auf Vielheit, diese aber
Geht in der Leerheit ganz und gar verloren.

Das Hilfsmittel zur Gewinnung dieser Erkenntnis ist die Meditation.

Wenn die Gedanken still zur Ruhe kommen,
Zur Ruhe kommt die Ausbreitung der Welt,
Niemandem, nirgends, niemals hat der Buddha
Die Lehre von den Dharmas dargestellt.

Candrakîrti erläutert dies durch folgenden Spruch:

Nur wer als leer, als still und rein
Die vielen Dharmas recht erkannt,
Der Edle wird ein Jünger der Erleuchtung,
Ein voll-erwachter Heiliger genannt.

Nâgârjuna verwahrt sich aber dagegen, daß er mit seiner Lehre von der Leerheit ein Dogma habe aufrichten wollen, denn

Die falsch verstand'ne Leerheitsschau,
Ins Unheil führt den Toren sie,

Wie ein Reptil falsch angepackt.
Wie falsch verwendete Magie.

Deshalb schließt Nâgârjuna sein Lehrbuch mit der Strophe:

Der zu der Dogmen Auflösung
Die höchste Wahrheit uns gelehrt:
Der mitleidsvolle Gautama
Wird andächtig von mir verehrt.

Shântideva faßt in seinem „Bodhicaryâvatâra" *(9, 152 ff.)* die Konsequenzen, die sich für den Weisen aus Nâgârjunas Lehre ergeben, in folgende Verse zusammen:

Da alle Dharmas völlig leer nur sind,
Was wird erlangt, was wird verloren?
Wer wird durch wen geschmäht und wer durch wen
Zu höchstem Ruhme auserkoren?

Woher soll Glück noch kommen oder Leid,
Wen kann verabscheu'n man, wen lieben?
Wo ist die Gier? So sehr man sie auch sucht,
Man findet nicht, wo sie geblieben.

Und dann die Welt: wer lebt hier oder stirbt,
Wer ist und wer wird sein, wer ist gewesen?
Und wo ist ein Verwandter, wo ein Freund
Von irgendeinem andern Lebewesen?

Als leeren Raum betrachtet drum das All,
Wollt frei ihr werden, meine Besten,
Denn wir erzürnen uns in leerem Streit
Und freuen uns an leeren Festen.

Die „Nur-Bewußtseinslehre"

Das andere große metaphysische System des Mahâyâna, der Vijnânavâda (oder Vijnânamâtra-vâda = Nur-Bewußtseinslehre), auch Yogâcâra (Wandel im Yoga) genannt, hat auch seine Wurzeln in altbuddhistischer Tradition. Wenn auch die alte Lehre, wie sie der Pâli-Kanon widerspiegelt, noch kein reiner erkenntnistheoretischer

Die Lehre

Idealismus gewesen ist, so sind in ihr doch schon viele Ansätze vorhanden, die zur Ausbildung eines solchen führen konnten. Dazu gehört einmal die der Dharma-Theorie zugrunde liegende Anschauung, daß die Welt nicht so ist, wie sie der naive Mensch sich vorstellt, weil es weder eine allem zugrunde liegende Materie noch unvergängliche Seelensubstanzen gibt. Und ferner die bei weiterem Durchdenken der Theorie immer mehr ins Licht tretende Auffassung, daß das dem Karma unterworfene scheinbare Individuum und die von ihm erlebte Welt untrennbar zusammengehören. Aber auch aus vielem, was der Kanon über das Bewußtsein (vijnâna = manas = citta) sagt, läßt sich ein subjektiver Idealismus ableiten. So beginnt schon die berühmte Spruchsammlung „Dhammapada" (Worte der Wahrheit) mit dem Satz: ›Die Dharmas haben das Denken als das, was ihnen vorausgeht, als wichtigstes, sie sind manasartig.‹ D 11, 85 wird die Frage ›worin finden die vier Elemente Erde, Wasser usw. restlos ihr Ende?‹ damit beantwortet: ›im Bewußtsein, denn wenn das Bewußtsein vernichtet ist, ist auch die Geistleiblichkeit (Individualität samt der von ihr erlebten Welt) zerstört‹. In dieselbe Richtung gehen auch Aussprüche wie *A 4, 186, 1* und die folgenden:

Was ist das All? Das Auge und die Formen, das Ohr und die Töne, die Nase und die Gerüche, die Zunge und die Geschmäcke, der Körper und die Tastempfindungen, das Denken und die Gedankendinge (dharma).

Wenn jemand sagen würde: ich erkenne dies nicht an und ich würde das All anders erklären, so wäre das nur eine Angelegenheit von Worten, denn er wäre nicht imstande, sein Vorhaben durchzuführen. *(Sa 35, 23)*

Ohne daß man das All vollständig verstanden und erkannt hat, ohne daß man sich von ihm losgelöst und es aufgegeben hat, ist man unfähig, das Leid aufzuheben. *(Sa 35, 26)*

Ich lehre, daß man, ohne das Ende der Welt erreicht zu haben, nicht dem Leid ein Ende machen kann. Und so verkündige ich: in diesem klaftergroßen Leibe, der mit Denken und Unterscheidungsvermögen ausgestattet ist, ist die Welt und die Entstehung der Welt und die Aufhebung der Welt und der Pfad zur Aufhebung der Welt. *(Sa 2, 26, 9)*

Das voll ausgebildete System sucht auf dem Wege einer introspektiven Betrachtung des Selbstbewußtseins zu dessen tiefsten Gründen vorzudringen. Hinter und unter den sechs Oberflächenbewußtseinen, welche sich in den fünf Sinnen und dem gewöhnlichen Denken manifestieren, und dem sie zu einer Einheit zusammenfassenden siebenten liegt noch das „âlayavijnâna", das „Speicher-Bewußtsein" oder „Schatzkammerbewußtsein". Dieses ist das letzte Geistige an einer Persönlichkeit, selbst aber keine unwandelbare Substanz, sondern ein unaufhörlich fließender Strom, der das Sammelbecken für alle karmabedingten Eindrücke und für die Keime künftiger Erfahrungen bildet.

Die vom naiven Menschen als etwas von ihm Verschiedenes vorgestellte Außenwelt ist in Wahrheit nur eine Projektion seines Bewußtseins; sie ist eine Konstruktion unseres Denkens ohne wahre Wirklichkeit. Durch Yoga-Übungen ist der Wissende im Stande zu erreichen, daß in der Versenkung die Spaltung von Subjekt und Objekt überwunden wird. Ist dieser Zustand durch Beseitigung von Irrtum, Leidenschaft usw. zu einem dauernden geworden, so tritt eine Veränderung am Schatzkammer-Bewußtsein ein, welche die Erlösung verbürgt.

Die bedeutendste heilige Schrift, welche einen solchen voll-ausgebildeten Idealismus vertritt, ist das Lankâvatâra-Sûtra, das, da es bereits im 5. Jahrh. n. Chr. ins Chinesische übersetzt wurde, schon geraume Zeit vorher existiert haben muß. Die Schrift führt ihren Namen von der (zum weiteren Inhalt übrigens in keiner näheren Beziehung stehenden) Rahmenerzählung, welche berichtet, daß der Buddha einst den Dämonenkönig Râvana in Lankâ (Ceylon) besucht habe. Im Folgenden wird zunächst diese Einkleidung wiedergegeben, dann folgen einige ausgewählte Stücke, welche die Grundanschauungen verdeutlichen sollen *(die Strophen 2, 99 f., 105, 179, und 3, 29, 31).*

So habe ich gehört. In einer Zeit weilte der Erhabene in der Stadt Lankâ, die, geschmückt mit mannigfaltigen Juwelenblumen, sich auf dem Gipfel des Malaya im Ozean befindet. Er war umgeben von einer großen Gemeinde von Mönchen und einer großen Schar von Bodhisattvas mit Mahâmati an ihrer Spitze. Der Erhabene hatte gerade im Palast des Königs der Schlangen des Ozeans sieben Tage lang (gepredigt) und wurde von zahllosen Göttern und Schlangenmädchen

Die Lehre 171

begrüßt. Und Râvana, der König der Dämonen (Râkshasa), der Herrscher von Lankâ, dachte: ›Ich werde den Erhabenen auffordern, auch in Lankâ die Götter und Menschen (durch eine Predigt) zu erfreuen.‹ Mit seiner Begleitung fuhr er im Luftwagen Pushpaka zum Erhabenen. Sie umwandelten ihn dreimal ehrerbietig nach rechts und sangen dabei zum Klange von Lauten und Flöte:

> »Herr, zeige uns das Grundgesetz der Wahrheit,
> Erhaben über Meinungsstreit, voll Klarheit,
> Das uns den Weg ins eigne Innre weist
> Zum Ichheit-freien wesenhaften Geist.«

Im Luftwagen zog Buddha in die Stadt ein, und die Yakshas (Geister) legten Netze von Juwelen um den Hals des Erhabenen und seiner Begleiter. Da ließ der Erhabene durch Zauberkraft edelsteingeschmückte Berge entstehen, auf denen er selbst und Râvana zu sehen waren und Lankâ und alle seine Bewohner. Dann aber verschwand plötzlich alles und Râvana sah sich allein in seinem Hause stehen und er dachte: ›Was ist dies, was wurde gesehen und durch wen? Wo ist die Stadt und der Buddha? Ist es ein Traum, ein Blendwerk, eine Luftspiegelung, eine Augentrübung, eine Fata morgana, etwas so Unwirkliches wie das Kind einer unfruchtbaren Frau oder der Kreis, der beim Schwingen eines Feuerbrandes entsteht, was ich hier gesehen?‹ »Dies ist fürwahr die Natur der „Dinge" (dharma), denn alle „Dinge" sind nur im Bereich des Bewußtseins. Die Toren sehen dies nicht, denn sie sind verblendet durch ihre Wahnvorstellungen.« Da erkannte der Herr von Lankâ, daß die Außenwelt nur im eigenen Bewußtsein gesehen wird, und eine himmlische Stimme sprach: »Gut, gut, König von Lankâ! Die Tathâgatas und die Dharmas sind so anzusehen, wie sie von dir gesehen werden.«

Da dachte Râvana: ›Wie, wenn ich noch einmal den Erhabenen sehen könnte, damit ich erreiche, was ich noch nicht erreicht habe.‹ Da zeigte sich ihm der Buddha noch einmal auf dem Berge, von Edelsteinen glänzend, und er forderte den Riesenkönig auf, ihm Fragen zu stellen, und belehrte ihn also: »Die ganze Welteinrichtung ist wie ein Zauberwerk, es ist, als ob man einen Reflex der eigenen Gestalt im Spiegel sieht oder ein Echo hört. Die gewöhnlichen Leute lassen sich durch Wahnvorstellungen bestimmen und gelangen nicht zur Ruhe. Ruhe aber ist ein Wechselbegriff von Einspitzigkeit (Hinrichten der Aufmerksamkeit auf einen Punkt); diese ist das Eintreten in den Bereich des edlen Wissens über das eigene Wesen als Keim der Buddhaschaft und aus ihr entsteht die höchste Versenkung.«

> Im Ozean erheben sich die Wogen
> In zwangsbedingter Mannigfaltigkeit
> Vom Wind getrieben, ohne Unterbrechung
> Ein Auf und Ab der Vielgestaltigkeit.
>
> So tanzt das große Schatzkammerbewußtsein
> Erregt vom Wind der Gegenständlichkeit
> Ohn' Unterlaß in den Bewußtseinswellen
> Bedingter und begrenzter Endlichkeit.
>
> Doch so wie zwischen Meer und Woge
> Letzthin kein Unterschied besteht,
> So in dem einigen Bewußtsein
> Ein Wandel niemals vor sich geht.
>
> Niemals erlösche ich mit meinem Sein,
> Durch Taten nicht noch auch mit äußren Zeichen,
> Nur weil mein Denken frei vom Weltenschein,
> Vermochte ich das Höchste zu erreichen.
>
> Was allem Grübeln abgewandt,
> Was niemals ward, was niemand fand,
> Was keine Einbildung erfuhr,
> Das nenne ich Bewußtsein nur.

Die Lehre

Nirvâna, Leerheit, Tathatâ,
Die ganze bunte Geistigkeit
Des Universums letzte Spur:
Das nenne ich Bewußtsein nur.

4

DIE ETHIK
UND DER WEG ZUR ERLEUCHTUNG

Die Ethik des Mahâyâna entspricht der allgemein-buddhistischen. Es möge daher genügen, hier als Beispiel einige Verse aus Nâgârjunas „Freundesbrief" (Suhrillekhâ) anzuführen, in welchem er in 123 Strophen dem König Udayana (nach chinesischen Quellen: Shâtavâhana) die Grundlehren der Moral darlegt. Das Werk ist nicht in Sanskrit, sondern nur in tibetischer Übersetzung auf uns gekommen. Ich folge der deutschen Prosa-Übertragung von Heinrich Wentzel *(Leipzig 1886)* und gebe die Strophen 59, 7, 40, 8 in poetischer Form wieder.
Daran schließen sich ethische Betrachtungen aus verschiedenen Texten.

Aus Nâgârjunas Freundesbrief

Schwerer ist es, aus der Tierheit Dunkel
Einen Weg zum Menschentum zu finden,
Als für eine Schildkröte im Meere,
In ein Joch den Kopf emporzuwinden.
Wandle so als Mensch auf dieser Erde,
Daß die Menschlichkeit auch sichtbar werde!

Makellos und unbefleckt bewahre
Immerdar die echte Sittlichkeit,
Erde ist der Boden alles Lebens,
Sie der Boden der Vollkommenheit.

Liebe, Mitleid, Mitfreude und Gleichmut,
Die führen zu Nirvânas Übersein,

Und kannst du dieses selbst noch nicht erreichen,
So gehst in Brahmâs Wonnenwelt du ein.

Übe Wohltun, Zucht, Geduld und Tatkraft,
Der Versenkung Glut und heilige Erkenntnis,
Dann wirst du das Daseinsmeer durchqueren
Und gewinnst als Buddha All-Verständnis.

Die Vernichtung der drei Übel

Es gibt drei hauptsächliche Leidenschaften: Gier, Haß und Wahn. Ihre Ursachen beseitigt man, indem man über ihren Widerpart meditiert.
Der Widerpart der Gier ist die Betrachtung über das Unschöne. Diese besteht in der Erwägung: ›In diesem (meinem) Körper sind Haare, Zähne, Nägel und andere Bestandteile bis hin zu Nasenschleim, Gelenkschmiere, Kot und Harn.‹ Selbst ein Tor läßt, wenn er diese Dinge erkannt hat, einen Gier-Gedanken nicht aufkommen, wieviel weniger einer, dem Erkenntnis eigen ist! ... Und der Bodhisattva geht zu einer Leichenstätte und sieht dort die Leichen, in Verwesung begriffen, von Vögeln angefressen, und die Knochen in alle Himmelsrichtungen zerstreut. Dann sagt er sich: ›So ist der Körper.‹
Der Widerpart des Hasses ist das Wohlwollen gegen alle Wesen. Dieses wendet sich den Verwandten, den Nachbarn, den Bewohnern desselben Orts, den Bewohnern eines andern Dorfes zu und breitet sich dann schließlich über alle zehn Himmelsrichtungen aus.
Der Widerpart des Wahns ist das Aufzeigen des „Kausalnexus", des Grundsatzes, daß alles in gesetzmäßiger Abhängigkeit von bestimmten Voraussetzungen bedingt entsteht. Der Bodhisattva vergegenwärtigt sich: Die Leiden von Alter und Tod würden nicht da sein, wenn ich nicht geboren wäre.

Die Lehre

Die Geburt aber würde nicht da sein, wenn ich nicht durch Willensregungen (sanskâra) die Grundlage für ein bewußtes Dasein gelegt hätte. Wäre das Nichtwissen nicht da, würden Sanskâras nicht entstehen können. Darum muß ich die Sanskâras aufgeben. Und er erwägt weiter: Diese Verflechtung von Ursachen und Wirkungen ist ohne Anfang und ohne Ende im Gang, wie ein Strom, und diese geistig-körperliche Individualität ist nicht von selbst entstanden noch von einem andern gemacht noch von selbst und durch einen anderen zusammen zustande gebracht worden, nicht von einem Gott erschaffen, nicht durch die Zeit entwickelt, nicht durch einen einzigen Urgrund bedingt noch auch ursachlos ins Dasein gekommen, sondern eben eine Folge des Zusammenwirkens einer Vielheit von Bedingungen; deshalb gibt es kein beharrendes Selbst. Und er erkennt, daß alles unreal, nichtig, wesenlos, unrein, unbeständig, leidvoll, leer und ohne Selbst (substanzlos) ist. Es wird ihm klar: Alles Bedingte kommt durch die zwangsläufige Verbindung einer Vielheit von Faktoren zustande; ist diese Verbindung nicht vorhanden, so kommt das Bedingte nicht zustande. Darum will ich, weil ich alles Bedingte als von vielen Fehlern verunstaltet erkannt habe, die Verbindung von all diesem zerstören. Dies ist in Kürze das Reinigungsmittel für den Wahn. *(Shiksh XII p. 209)*

*Der Weg
des Bodhisattva zur Erleuchtung*

Während der alte Buddhismus gelehrt hatte, daß nur einige wenige Ausnahmewesen im Verlaufe ihrer Wiederverkörperungen Bodhisattvas und Buddhas werden, ist das Mahâyâna der Meinung, daß viele, wenn nicht alle Wesen in äonenlangem Weltprozeß den Weg zur Erleuchtung beschreiten und schließlich die Buddhaschaft erlangen können. Die im folgenden übersetzten Texte handeln von den zehn Stufen (bhûmi), welche der Heilsbeflissene auf dem Wege zur Vollendung zu durchmessen hat. Die Quellen sind: Lotus, Kap. 13, Dashabhûmika-Sûtra *(Rahder p. 14)*, Asanga, Sûtrâlankâra XX–XXI, 32 ff., Ashtasâhasrikâ Prajnâpâramitâ 19 *(Bibl. Indica p. 361)*.

Die Eigenschaften eines Bodhisattva

Ein Bodhisattva muß in vier Dingen fest gegründet sein. 1. Er ist geduldig, beherrscht, dient nicht den Königen und Großen, hält sich von den Ketzern, Literaten, Magiern und Materialisten fern, verkehrt nicht mit Jägern, Schlächtern, Tänzern, Schauspielern, es sei denn, daß er ihnen die Lehre predigen will. Frauen gegenüber wahrt er die äußerste Zurückhaltung und wenn er ihnen die Lehre darlegt, tut er dies nicht in gefühlvoller Weise. 2. Er betrachtet alle Daseinsfaktoren als leer, dem Raume gleichend, unsagbar und unerklärbar, ungeboren, nur durch eine verkehrte Erkenntnis hervorgerufen. 3. Er ist nicht eifersüchtig, heimtückisch, betrügerisch, er verleumdet und beschimpft weder die Anhänger des Großen noch die des Kleinen Fahrzeugs. In völliger Ruhe legt er die Lehre dar, ohne andere zu bekämpfen und zu verunglimpfen. Er erhebt gegen niemanden einen Vorwurf noch ist er sich dessen bewußt, wenn jemand sein Widersacher ist, denn er ist von ruhiger Gemütsart. Er disputiert nicht, wird er aber gefragt, so antwortet er entsprechend dem Buddhawissen (des Mahâyâna). 4. Vor Haushaltern und Bettelmönchen entfaltet er Liebe gegen alle Wesen. Er entwickelt in sich das Wohlwollen gegen alle, die erst nach der Erleuchtung ringen, indem er den Gedanken hegt: ›Fürwahr, diese Wesen haben noch eine falsche Erkenntnis, sie hören nicht das Buddhageheimnis, sie kennen es nicht, sie fragen nicht danach, sie glauben nicht daran noch streben sie danach. Deshalb will ich, der ich zur höchsten Erleuchtung erwacht bin, sie mit aller Kraft dazu geneigt machen und sie dazu heranreifen lassen.‹

Die zehn Gelübde eines Bodhisattva

Wenn (der Anwärter auf die Erleuchtung) die erste Stufe der Bodhisattvaschaft, genannt „Pramudîtâ" (Freude) beschritten hat, dann legt er die folgenden 10 großen Gelübde (pranidhâna) ab, die umfassend sind wie der Weltraum und sich über alle Zeitalter erstrecken: 1. alle Buddhas zu verehren, 2. die Lehre aller Buddhas zu schützen und zu verbreiten, 3. bei den großen Ereignissen im Leben eines zeitgenössischen Buddha zugegen zu sein, 4. den Gedanken an die Erleuchtung in sich zu erwecken, den Wandel eines Bodhisattva zu führen und die Vollkommenheiten zu betätigen, 5. alle Wesen im Buddhawissen zu festigen und zur Reife zu bringen, 6. eine umfassende Vorstellung von dem unendlichen Universum zu gewinnen, 7. alle Länder zu reinen Buddhaländern zu machen, 8. mit allen Bodhisattvas gemeinsam für das Mahâyâna zu wirken, 9. immer das Rad (der Lehre) zu drehen und wie ein Arzt oder ein Wunschstein allen Wesen zu helfen, 10. unablässig zum Nirvâna zu streben.

Die zehn Stufen

Wenn Bodhisattvas heilsgewiß
Vor sich die hehre Bodhi sehn,
Beglückt sie auf der untersten,
Der „*freudevollen*" Stufe stehn.

Ist jeder Makel abgetan,
Gehn sie zur „*reinen*" Stufe ein,
Zur »*glänzenden*«, wenn Wahrheitslicht
Den Geist erfüllt mit hellem Schein.

Sobald der Bodhi Flügel Strahl
Zu nichts Zwiespältigkeit verbrennt,
Gewonnen ist die Stufe dann,
Die man die „*strahlende*" benennt.

Sehr schwer ist das Bekehrungswerk,
Schwer hütet man den eignen Geist.
Die Stufe, wo man dies erkämpft,
Die *„schwer erringbare"* drum heißt.

Gleich zugewendet Welt und Heil
In Übergegensätzlichkeit,
Ersteht auf Stufe *„zugewandt"*
In Weisheit die Vollkommenheit.

Die siebte Stufe *„weitgehend"*
Die Pfade all' in sich umfaßt,
Die achte, *„unerschütterlich"*,
Befreit von der Gedanken Last.

Das *„gute Denken"* ist erreicht,
Wenn vierfach Wissenschaft erwacht,
Die *„Wolke"* füllt den Dharma-Raum
Mit zweifacher Versenkungsmacht.

So gehn die Weisen Schritt für Schritt
Zur herrlichen Vollendung ein,
Indem sie Wesen ohne Zahl
Von des Sansâra Furcht befrein.

Die geistige Haltung eines Bodhisattva

Wenn ein Bodhisattva in eine von Raubtieren unsicher gemachte Wildnis gekommen ist, so soll er nicht erzittern. Warum? Ein Bodhisattva muß alles aufgeben können, er muß zum Wohle aller Lebewesen in sich den Gedanken erwecken: ›Wenn mich die Raubtiere fressen, so ist das so, als ob ich ihnen eine Spende gegeben habe, an mir erfüllt sich dann die „Vollkommenheit (Kardinaltugend) des Spendens" und ich nähere mich der vollkommenen Erleuchtung. Und ich werde es so bewirken, daß, wenn ich zur vollkommenen Erleuchtung gelangt bin, in meinem (künftigen) Buddhalande keinerlei in tierische Existenzen eingegangene Lebewesen sein werden, sondern nur solche, die göttlicher Genüsse teilhaftig sind.‹ Und wenn ein Bodhisattva unter die Räuber gefallen ist, so soll er nicht erzittern. Und warum? Die Bodhisattvas sind beflissen, alles aufzugeben. Selbst seinen Leib soll ein Bodhisattva von sich werfen, und nachdem er all seinem Besitz entsagt hat, soll er so den Gedanken in sich erzeugen: ›Wenn mir die Lebewesen allen meinen Besitz nehmen, so soll das als eine ihnen gegebene Spende gelten, und wenn irgendwelche von ihnen mich des Lebens berauben, so darf ich deshalb gegen sie keinen Zorn hegen. Ich darf mich gegen sie weder mit dem Leibe, noch mit der Rede noch auch mit dem Denken versündigen. Und so werden sich an mir dadurch jetzt die Vollkommenheiten des Spendens, der Zucht und der Geduld erfüllen und ich nähere mich der höchsten Erleuchtung...‹ Und wenn ein Bodhisattva von einer Krankheit befallen wird, so soll er nicht erzittern, sondern er soll sich vorstellen und vergegenwärtigen: ›Es gibt hier keinerlei Ding (dharma), das durch Krankheit bedrängt wird, und kein Ding (dharma), das Krankheit heißt.‹ So soll er die „Leerheit" betrachten und nicht erzittern... Wenn ein Bodhisattva durch diese und andere gesehene, gehörte, vorgestellte oder erfahrene Ängste nicht in Schrecken versetzt wird, so ist dieser edle Sohn oder diese edle Tochter fähig, der höchsten Erleuchtung teilhaftig zu werden.

Der Bodhisattva soll die Ursache seiner Leiden nicht bei anderen, sondern bei sich selbst suchen. *(Shântideva, Bodhicaryâvatâra 6, 42 ff.)*

> Nur weil ich vormals andere gequält,
> Erdulde selbst ich dieses schwere Leid,
> Ich büße also meine eigne Schuld,
> Es widerfährt mir nur Gerechtigkeit.
>
> In meinen eignen Taten liegt der Grund
> Dafür, daß mich ein anderer verletzt,

Und recht besehn bin ich nur daran schuld,
Daß er den Weg zur Hölle wandert jetzt.

Wenn ich mein Leid geduldig stets ertrage,
Dann schwindet mir dadurch der Sünden Zahl,
Indes er letztlich doch um meinetwillen
Erdulden muß der Höllenstrafen Qual.

Ich bin es also, der ihm Böses tut,
Er ungewollt nur Gutes mir erweist,
Warum erbost du dich und zürnest ihm
Und drehst die Sache um, beschränkter Geist!

Die Bodhisattvas sollen stets die Ruhe wahren und allen andern mit Freundlichkeit entgegentreten, heißt es im Gaganagañja-Sûtra. *(zitiert Shiksh p. 46)*

Geduldig wollen wir es auf uns nehmen,
Wenn andre uns verunglimpfen und schelten.
Gegründet sind wir fest in unsrer Lehre,
Wir lassen sie's drum nimmermehr entgelten.

Wenn andre uns bedrohen und beschimpfen,
Wenn sie von uns Verleumderisches sagen,
Wir wollen uns an unsre Regel halten
Und alles dieses ohne Murren tragen.

In diesen grauenvollen Unglückszeiten,
Gleich schwer für Könige wie für Asketen,
Woll'n unerschüttert wir zur Wahrheit halten
Und sie bestimmt und ohne Furcht vertreten.

All jenen, die nach dem Gesetze handeln,
Wir treten ihnen freundlich stets entgegen,
Denn Wohlwollen und Mitleid ziemt ja denen,
Die Buddhas Pfad stets einzuhalten pflegen.

Wenn Wesen wir voll schändlicher Begierde,
Die schlechte Wege wandeln, vor uns sehen,

So füllen unsre Augen sich mit Tränen,
Wir fragen uns, wohin die Blinden gehen.

Durch gute Worte und durch milde Gaben
Versuchen wir die Schwachen erst zu reifen,
Und dann ermahnen wir sie nach der Lehre,
Damit sie ihren falschen Weg begreifen.

Immer wieder wird eingeschärft, daß der Bodhisattva den Schatz religiösen Verdienstes, den er sich durch seine guten Taten erworben hat, auf andere übertragen soll. *(Shântidevas „Bodhicaryâvatâra" 3, 10 ff.)*

Die Früchte aller meiner guten Werke,
Was ich besitze, ja mein eignes Leben
Will, ohne Rücksicht auf mich selbst, ich freudig
Für aller andern Wesen Heil hingeben.

Nirvâna heißt verzichten, all mein Denken
Strebt nach Nirvâna, um sich zu vollenden.
Muß ich entsagen dem, was mein ich nenne,
Ist's besser, es den anderen zu spenden.

Mein Selbst hier überlass' ich dem Belieben
Von allen Lebewesen, ja sie sollen
Mich schlagen, mich beschimpfen, mich mit Unrat
Bewerfen oder das tun, was sie wollen.

Ich wünsche denen, die mich lästernd höhnen,
Mir Übles tun, von Finsternis umfangen,
Daß sie dereinst, geläutert durch Erkennen,
Zu der Vollendung wahrem Licht gelangen.

Die Gedanken, die ein Bodhisattva gegen andere Wesen hegt, geben die folgenden „von Wohlwollen und Mitleid erfüllten" Strophen des „Goldglanz-Sûtra" *(III 76 ff.)* wieder.

In der ganzen Welt die Leiden
Aller Wesen mögen enden
Und das Schicksal der Versehrten
Wieder sich zum Guten wenden,

Heilen mögen ihre Wunden,
Alle Siechen schnell gesunden!

Mögen alle, die von Fürsten,
Dieben, Räubern und Soldaten
Sind bedroht an Leib und Leben,
Alle, die in Not geraten,
Alle angsterfüllten Herzen
Ledig werden ihrer Schmerzen.

Hungrige und Durstgequälte
Mögen reichlich Labung finden,
Und die Farben wieder schauen
Alle unglücklichen Blinden,
Und die Tauben wieder Töne
Hören, reizende und schöne.

Mögen alle, die jetzt nackt sind,
Buntgewirkte Kleider tragen,
Volle Sättigung erlangen,
Die am Hungertuche nagen,
An Getreide, Geld, Juwelen
Möge niemandem es fehlen.

Mögen jedem sich die Wünsche,
Die er lang gehegt im stillen,
Die in seinem Geist er nährte,
Unerwartet bald erfüllen,
Möge sich ihm alles schenken,
Was er kühn erstrebt im Denken.

Mögen alle, wenn sie einmal
Hier aus diesem Leben scheiden,
Die acht bösen Daseinsformen*
Im Sansâra stets vermeiden,

---

* Wiedergeburt in einer Hölle, in Tiergestalt, in der Welt des Todesgottes, unter Barbaren, unter langlebigen Göttern (weil dadurch das Fortschreiten zur Erleuchtung sich verzögert), mit körperlichen Fehlern, mit falschen Anschauungen und mit Abneigung gegen die Erleuchtung.

Die Lehre

Mögen einmal alle Frommen
Zu den hehren Buddhas kommen.

Mögen alle, die als Frauen
Unerlösbar sind auf Erden,
Ihrem Heil entgegenwandernd
Tapfre, edle Männer werden,
In den Tugenden bewährte,
In der Weisheit hochgelehrte.

Mögen schauen sie die Buddhas
Aller der zehn Himmelszonen,
Die auf edelsteingeschmückten
Hehren Göttersitzen thronen,
Sie mit frommem Sinn verehren
Und befolgen ihre Lehren.

Ein Idealbild der Bodhisattvas entwirft die folgende Stelle aus dem „*Vimalakîrti-nirdesha*". *(Zitiert in Shiksh p. 34)* Dabei werden nicht nur Männer geschildert, die bemüht sind, als Glaubensboten andere zu bekehren, sondern auch in überirdischen Welten wohnende Bodhisattvas, die die Gestalt von Göttern annehmen und als solche Menschen, die für die buddhistische Lehre noch nicht reif sind, andere Religionen verkünden, um sie auf diesem Umwege schließlich zum Heil zu führen. Die Theorie, daß Bodhisattvas in der Gestalt von Göttern anderer Kulte erscheinen können, ermöglichte es den buddhistischen Missionaren (z. B. in Japan), die einheimischen Glaubensformen (wie den Shintôismus) als Vorstufen des Mahâyâna zu deuten.

Die klugen Bodhisattvas nehmen
Gestalten an von jeder Form
Und predigen in allen Zungen
Des ewigen Gesetzes Norm.

Als Greise kommen sie und Kranke
Und zeigen sich sogar als tot,
Sie treiben trügerische Spiele,
Den Wesen helfend in der Not.

Von Hunderttausenden geladen
Sind sie bei jedermann zu Gast
Und nehmen ihm durch ihre Rede
Der Wahnbetörung Leidenslast.

Sie werden selbst zu Kurtisanen,
Um Männer zu sich hin zu ziehn;
Wenn angelockt den Mann sie haben,
Zum Wissen sie bekehren ihn.

Als Bauern, Karawanenführer,
Als Priester, Räte sie nicht ruhn,
Um allen Wesen Gnaden spendend
In jeder Weise wohlzutun.

Den Irrenden in allen Landen
Eröffnen sie die wahre Sicht,
Bei allen, die in Wahn befangen,
Verbreiten sie des Glaubens Licht.

Zur Sonne werden sie, zum Monde,
Zu Erde, Wasser, Feuer, Luft,
Zu Indra, Brahmâ und zum Gotte*,
Der Wesen in das Dasein ruft.

Denn welche Andachtsart auch immer
Jedwedem Wesen hier gefällt,
Durch jene weisen sie den Weg ihm
Zur Überwindung dieser Welt.

Die Quintessenz buddhistischer Ethik und Heilslehre faßt Âryadeva, ein Schüler Nâgârjunas, in folgende Strophe *(Catuh-shataka 298)* zusammen:

„Das Nichtverletzen andrer Lebewesen
Ist aller Sittenlehre Kern
Und das Erlöschen ist die große Leerheit".

---

* Der Gott Prajâpati der Hindu-Mythologie.

So künden die erwachten Wissensherrn.
Nach ihrer Meinung machen diese beiden
Erkenntnisse den Menschen frei vom Leiden.

5

DAS NIRVÂNA

Das Mahâyâna hat eine neue Anschauung über das Nirvâna entwickelt. Für das Kleine Fahrzeug stellte Nirvâna das diametrale Gegenteil zum Sansâra dar: es war das Erlöschen aller Faktoren der Individualität, ein Zustand ewiger Ruhe, in welchem, sobald der Tod eingetreten ist, keinerlei Aktivität und keinerlei Beziehung zur Leidenswelt mehr besteht. Ausgehend von dem Grundsatz „Nirvâna = Sansâra in neuer Sicht" und in Ausdehnung der Vorstellung, daß der Buddha schon bei Lebzeiten das Nirvâna erreicht hat und doch weiter zum Wohl der Lebewesen tätig war, vertreten manche Texte des Großen Fahrzeugs die Meinung, daß das vom Hînayâna gelehrte Nirvâna nur ein niederes Nirvâna sei, das wahre „Nirvâna ohne Stillstand" besteht in einem nicht-statischen (a-pratishthita), dynamischen Heilszustand, in welchem der Erlöste auf ewig frei von Karma, Unwissenheit, Leidenschaft und allen Begrenzungen als ein Allwissender dauernd um die Bekehrung und Besserung aller Wesen bemüht ist.

Die folgenden Stellen des „Lotus des Guten Gesetzes" *(5, 47 ff. und Kap. 7 und 8)* legen dar, daß der Buddha aus erzieherischen Rücksichten ein dem „Erlöschen einer Lampe" gleichendes Nirvâna gelehrt habe, daß das wahre Nirvâna aber etwas ungleich Größeres sei.

Wie der Töpfer aus demselben
Ton verschiedene Gestalten
Schafft, damit dann die Gefäße
Wasser oder Milch enthalten:

So die Buddhas auch verschied'ne
Wege für die Menschen lehren,
Die, entsprechend seinen Kräften,
Mannigfaches Heil gewähren.

Von den Fahrzeugen für Hörer,
Einzelgänger, Voll-Erwachte
Man allein das Buddha-Fahrzeug
Als das einzige betrachte.

Denn der Hörer, dem der Dreiwelt
Zu entfliehen ist gelungen:
Glaube nicht, daß er das höchste
Ziel des Daseins schon errungen!

Nein! Der Buddha zeigt ihm vielmehr:
Dies ist nicht das wahre Ende,
Nur ein Rasten auf dem Wege;
Immer weiter dich vollende!

Nur Allwissenheit gibt Ruhe,
Höchstes Heil wird der erreichen,
Der erkannt, daß alle Dharmas
Hohlen Pisangstauden gleichen.

Unselbständig wie das Echo,
Ähneln sie den eitlen Träumen,
Nicht gebunden, nicht erloschen
Ist die Welt in den drei Räumen.

Wer als leer und nicht verschieden
Alle Dharmas recht verstanden,
Nirgends mehr erblickt er Dharmas,
Denn sie sind nicht mehr vorhanden.

Er erfaßt den Dharma-kâya
Dann in seiner vollen Klarheit,
›Keine Dreiheit – nur ein Fahrzeug‹,
Weiß er dann, ›besteht in Wahrheit‹.

(Kap. 7) Ihr Mönche! Denkt euch einen dichten Wald von fünfhundert Meilen Ausdehnung. Diesen hat eine Reisegesellschaft erreicht, die nach der Juweleninsel unterwegs ist. Der

Führer, ein kluger Mann, will die Karawane aus dem Walde herausführen. Die Menschen aber sind ermattet und sagen zu dem Führer: »Wir sind müde und fürchten uns. Wir wollen umkehren, dieser Wald ist zu weit.« Da denkt der Führer: ›Es wäre schade, wenn diese gequälten Leute die Juweleninsel nicht erreichen würden.‹ Deshalb bedient er sich aus Mitleid eines Kunstgriffs. Mitten im Walde läßt er durch Zauberkraft eine dreitausend Meilen große Stadt entstehen. Dann sagt er zu den Leuten: »Fürchtet euch nicht, kehrt nicht um; da ist eine große Stadt, dort könnt ihr euch ausruhen. Dann kann jeder, der es will, zur Juweleninsel gehn.« Da wundern sich die Leute und denken: ›Wir sind schon aus dem Walde heraus, wir haben einen Platz zum Ausruhen (Nirvâna) erreicht, wir wollen hier bleiben.‹ Wenn dann der Führer sieht, daß sie sich ausgeruht haben, läßt er die Zauberstadt verschwinden und sagt zu ihnen: »Kommt, die Juweleninsel ist nicht fern. Diese Stadt aber habe ich nur zu eurer Erholung durch Zauber hervorgebracht.« So auch sieht der Tathâgata, euer Führer: Groß ist dieser Wald von Leidenschaften, man muß aus ihm herauskommen. Es wäre schade, wenn die Wesen, nachdem sie vom Buddhawissen gehört, umkehren würden in dem Gedanken: ›Das Buddhawissen ist zu mühselig, um es zu vollenden.‹ Um den Wesen Erholung zu gewähren, lehrt der Tathâgata zwei Stufen des Nirvâna: für die Shrâvakas und für die Pratyekabuddhas. Und wenn die Wesen dort halt gemacht haben, dann verkündet der Tathâgata: ›Mönche, ihr habt noch nicht getan, was zu tun war. Aber das Buddhawissen ist nicht fern. Was ihr für das Nirvâna haltet, ist nicht das Nirvâna. Es ist also nur ein Kunstgriff der Tathâgatas, daß sie drei Fahrzeuge verkünden.‹

(Kap. 8) Als fünfhundert Arhats gehört hatten (daß sie alle zur Buddhaschaft berufen seien), wurden sie von Freude erfüllt. Sie gingen zum Erhabenen, fielen ihm zu Füßen und sprachen: »Wir bekennen unsern Fehler: wir hatten ständig den Gedanken gehegt ›dieses ist unser Parinirvâna‹. Während wir zum Tathâgata-Wissen hätten erwachen sollen, sind wir mit einem solchen geringen Wissen zufrieden gewesen. Es ist so, Herr, als ob ein Mann einem Freunde, der in sein Haus geladen war, als dieser trunken war oder schlief, einen wertvollen Edelstein in sein Kleid gesteckt hätte, in dem Gedanken, ›der Stein soll ihm gehören‹. Dieser Mann stand dann auf, ging fort und gelangte in ein fremdes Land. Ins Unglück geraten, hatte er dort Schwierigkeiten, um Nahrung und Kleidung zu erhalten. Als der alte Freund ihn dann später wiedersah, sagte er zu ihm: ›Wie konntest du nur solche Schwierigkeiten haben, wo ich dir doch einen Edelstein in dein Gewand eingebunden hatte, durch den du alle deine Wünsche hättest befriedigen können. Gehe in eine große Stadt, wechsle den Stein in Geld um und tu mit dem Gelde alles, was man mit Geld tun kann.‹ In dieser Weise hat auch der Tathâgata, als er noch ein Bodhisattva war, in uns die Gedanken der Allwissenheit entstehen lassen, wir aber wußten es nicht. Deshalb glaubten wir, wir hätten auf der Arhat-Stufe das Nirvâna erreicht. Wir lebten in Schwierigkeiten, da unser Streben nach der Erkenntnis des Allwissenden nie geschwunden war. Der Tathâgata hat uns jetzt erweckt, indem er sagt: ›Haltet dies nicht für das Nirvâna; in eurem Lebensstrom (d. h. der sich kontinuierlich durch viele Existenzen fortsetzenden Reihe von Daseinsfaktoren, welche ein scheinbares Individuum bilden) sind Wurzeln des Heils, welche ich einst in euch entwickelt hatte.‹«

III DIE GEMEINDE UND DER KULTUS

1
DER MÖNCHSORDEN

Das Mönchswesen des Großen Fahrzeugs hat sich allmählich aus dem des Kleinen entwickelt. Ursprünglich gehörten die Mahâyâna-Mönche einer Hînayâna-Schule an und erfüllten die Verpflichtungen derselben zuzüglich der für einen Bodhisattva geltenden Vorschriften. Später bildete das Mahâyâna in dem „Brahmajâla-Sûtra", dem „Lehrtext vom Netz des Brahmâ", seine eigene Sammlung von Ordnungen aus. Die Tatsache, daß das Große Fahrzeug einen Überbau über das Kleine Fahrzeug darstellt, tritt nach J. J. M. de Groot noch heute in der bei der Ordination in den chinesischen Klöstern üblichen Praxis deutlich hervor. Wer in den Mönchsorden eintreten will, geht zunächst zum Abt eines Klosters und verpflichtet sich, die 5 allgemeinen moralischen Gebote (panca-shîla) zu halten. Wenn er dann als Schüler aufgenommen worden ist, gelobt er die Einhaltung der zehn Mönchsregeln *(S. 106)* und erhält die Tonsur sowie ein Mönchsgewand. Er ist jetzt ein „shramanera" (Mönch unterster Klasse) und in geistiger Rangordnung ein „deva" (göttliches Wesen, d. h. Heiliger niedrigster Ordnung).

Nach einigen Tagen findet dann vor versammeltem Kapitel die Ordination zum Vollmönch (shramana oder bhikshu) statt. Bei dieser Zeremonie verpflichtet sich der Mönch, die 250 Prâtimoksha-Vorschriften des Hînayâna zu beachten. Er ist jetzt ein „arhat" (hînayânistischer Heiliger) geworden. Ein oder zwei Tage später erfolgt dann der Aufstieg von der Stufe eines Arhat zu der eines Bodhisattva. Nach einem Sündenbekenntnis und der Verehrung der drei Edelsteine schwört der Mönch, sich an die 58 Gebote des Sûtra vom Brahmâ-Netz zu halten. Eine Reihe von weiteren Zeremonien beschließen die Feier, welche nur in einem größeren Kloster, das Ordinationsrecht besitzt, vorgenommen wird. Den Geist der durch die Weihe zum Bodhisattva übernommenen ethischen Einstellung spiegeln die folgenden Verse wieder, die den Schluß des „Gandavyûha" bilden und unter dem Namen „Bhadracarî" vielfach im Kult Verwendung finden. *(Strophe 1, 18, 20, 59, 60)*

> Jeglichen Heiligen unter den Menschen
> Rings in der Welt und zu allen drei Zeiten
> Will ich beständig voll Andacht verehren
> Treu und ergeben mit Leib, Geist und Wort.
>
> Ach! Mit den Stimmen der Götter und Schlangen,
> Stimmen der Geister, Gespenster und Menschen,
> Allen Stimmen der lebenden Wesen
> Möchte verkünden ich stets das Gesetz.
>
> Frei von der Leidenschaft, frei von der Sünde
> Will ich das irdische Leben durchwandeln,
> So wie das Wasser nicht haftet am Lotus
> Und an den Lüften nicht Sonne und Mond.
>
> Doch in dem Kreise der Jünger des Siegers
> Wiedergeboren auf glänzendem Lotus,
> Möchte Verheißung des Heils ich erlangen,
> Aus Amitâbha, des heiligen, Mund.
>
> Und wenn mir so die Verheißung geworden,
> Möcht' ich in tausendmal tausend Gestalten
> Gutes erweisen den Wesen der Erde
> Durch der Erkenntnis bezwingende Kraft.

Der hohe Wert, der dem Orden zuerkannt wird, findet in den folgenden Versen eines in Ostturkestân gefundenen Textes *(Sanghastotra-stava, bei Schlingloff, p. 92)* einen sinngemäßen Ausdruck.

> Der Orden ist ein Feld der guten Werke,
> Von aller Leidenschaft Gestrüpp befreit,
> Ein Sammelplatz von voll gereiften Früchten,
> Wert, daß der Fromme ihm die Spenden weiht.
>
> Die vor dem Bösen Scheu und Scham empfinden,
> Gestählt durch Zucht, im Glauben unerschlafft,
> Stark an Gelehrsamkeit und durch Entsagen,
> Die finden sich in dieser Brüderschaft.

Die Gemeinde und der Kultus 191

Die frei durch Einsicht, der drei Wissen kundig,
Begabt mit mancher wunderbaren Kraft,
Stets auf dem Wege zur Erleuchtung wandeln,
Die finden sich in dieser Brüderschaft.

2
DIE SOZIALE ORDNUNG

Das Mahâyâna bekämpft gleich dem Hînayâna und aus denselben Gründen das brahmanische Kastenwesen. In einem dem Ashvaghosha zugeschriebenen, von Albrecht Weber in den „Abhandlungen der Preußischen Akademie" 1859 herausgegebenen Schriftchen „Vajrasucî" (Diamantnadel) fragt der Autor zunächst, ob die Seele, die Abkunft, der Körper, das Wissen, die Befolgung bestimmter Bräuche, die Ausführung bestimmter Riten oder Tätigkeiten oder die Kenntnis des Veda das ausschließliche Charakteristikum eines Brahmanen ausmache. An der Hand von Zitaten aus heiligen Texten der Brahmanen wird dies verneint, da ja die Seele eines Brahmanen vorher in andern Lebewesen gewohnt haben könne, die Abkunft eines Brahmanen wegen der Zweifelhaftigkeit der Vaterschaft nicht erwiesen sei und die übrigen angeführten Merkmale auch auf andere Menschen zuträfen. In Strophe 30 wird dann auf die Hauptautorität eingegangen, auf welche die Brahmanen ihre Vorrangstellung gründen. Nach Rigveda 10, 90, 12 sollen die Brahmanen aus dem Munde, die Krieger aus den Armen, die Vaishyas (Kaufleute) aus den Schenkeln und die Shûdras (die unreinen dienenden Kasten) aus den Füßen des Urwesens (purusha) hervorgegangen sein. Dagegen macht Ashvaghosha geltend:

Wie können die vier Kasten aus dem einen Urwesen entstanden sein? Wenn ein gewisser Devadatta mit einer Frau vier Söhne erzeugt, dann tritt bei diesen keine Kastenverschiedenheit ein. (Folglich kann es bei Herkunft von denselben Eltern nur eine Kaste geben.)

In ähnlicher Weise wie in den oben S. 112 mitgeteilten Versen aus dem „Suttanipâta" wird dann weiter argumentiert, daß die verschiedenen Tier- und Pflanzenarten in ihrer äußeren Gestalt und ihrer Art der Fortpflanzung usw. voneinander abweichen, was hingegen bei den Menschen nicht der Fall sei. Da alle Menschen mit den Brahmanen Lust und Leid, Leben, Vernunft, Handel und

Wandel, Tod und Geburt, Furcht, Beischlaf und äußeres Betragen gemein haben, ist ein Unterschied zwischen Brahmanen und anderen Menschen nicht erkennbar. So wie die Früchte eines Brotfruchtbaums nicht als Brahmanenfrüchte, Kriegerfrüchte usw. unterschieden werden, weil sie alle aus einem Baum erwachsen sind, so besteht auch zwischen den Menschen kein Unterschied, wenn sie alle aus dem einen *Purusha* hervorgegangen sind.

Deshalb ist die Zugehörigkeit zum Brahmanentum etwas ganz Unbestimmtes. Zwischen den vier Kasten läßt sich vielmehr lediglich auf Grund ihres Tuns ein Unterschied machen. Das lehrte schon Vaishampâyana den König Yudhishthira, wenn er (angeblich im Hindu-Epos Mahâbhârata) sagt:

> Eine Kaste in der Vorzeit
> Alle Menschen noch in sich schloß,
> Durch das Tun und durch die Werke
> Ist die Vierheit geworden bloß.
>
> Alle entstehen im Mutterleib,
> Geben von sich Urin und Kot,
> Nichts bedingt die Verschiedenheit,
> Als die Stellung zum Sittengebot.
>
> Ein charaktervoller Shûdra
> Drum als wahrer Brahmane gilt;
> Einen lasterhaften Priester
> Mit Recht man einen Shûdra schilt.
>
> Wer kein andres Wesen peinigt,
> Falsches Handeln von sich weist,
> Frei von Haß und von Begierde,
> Der nur ein Brahmane heißt.

3
DER KULTUS

Das Mahâyâna bekämpft die brahmanischen Riten, wie das Baden im Ganges, welches sündentilgend sein soll. Der Tantriker Âryadeva schreibt in seinem „Citta-shodhana-prakarana": *(J. A. S. B. 67 [1898] p. 178)*

> Ein Hund, der in dem Ganges schwimmt,
> Gilt darum niemandem als rein,
> Wie kann also ein Gangesbad
> Für Fromme sündentilgend sein?
> Ein Fischer wär' sonst tugendhaft
> Und groß der Fische Heiligkeit,
> Denn ihre Heimat ist der Fluß
> Bei Nacht und Tag zu jeder Zeit.
> Die Probe aufs Exempel ist:
> Die sich dem Wallfahrtsdienste weihn,
> Die pflegen darum keineswegs
> Von Gier und Sünde frei zu sein.

Das „Große Fahrzeug" hat damit aber nicht allen äußeren Werkdienst abgelehnt, sondern vielmehr den buddhistischen Kultus um zahlreiche neue Formen bereichert. In Fortführung des alten Brauches wird vor allem den Reliquien von Heiligen und den ursprünglich zur Aufnahme derselben bestimmten kuppelartigen Grabdenkmälern, den „Stûpas", Verehrung erwiesen. Mit der Zeit wurden die Stûpas auch ohne Inhalt zu segenspendenden Objekten, so daß sogar deren Herstellung als ein gutes Werk galt. Was für maßlos übertriebene Vorstellungen man mit dem Errichten von Stûpas verband, zeigt die folgende Stelle des Lotusbuchs. *(2, 80 ff.)*

> Die Frommen, welche Stûpas aufgerichtet
> Aus Tannenholz, aus Ziegelstein und Sand,
> Auf Felsen und in Höhlen oder Wüsten,
> Mit ihrem Geist dem Buddha zugewandt,
> Ja Kinder, die aus einem Häufchen Erde
> Sie aufgebaut in jugendlichem Spiel,
> Sie werden alle teilhaft der Erleuchtung,
> Die aller Wesen höchstes Daseinsziel.

Der Hauptgegenstand der Verehrung sind naturgemäß die Bilder der „Sieger" (Buddhas) und ihrer geistigen Söhne, der Bodhisattvas. Die dem Kult der Hindu-Götter entsprechenden äußeren Formen, unter denen dies geschieht, veranschaulicht Shântideva *(Bodhicaryâvatâra 2, 2 ff.)* in den folgenden Strophen:

Was immer es gibt an Blumen und Blüten
Und Kräutern, die in den Wäldern gedeihn,
Die klaren Wasser von Flüssen und Strömen
Und alle Arten von edlem Gestein,

Wildwachsenden Reis und Früchte des Bodens
Und womit man sonst die Götter verehrt,
Was immer vom weiten Weltraum umfaßt wird
Und keinem anderen Wesen gehört,

Im Geist es ergreifend weihe ich alles
Den Welterleuchtern und ihrem Geschlecht,
Sie mögen es gnädig entgegennehmen
Als heilige Spende, würdig und recht.

Im lieblichen, duftenden Badehause,
Mit Pfosten von Edelsteinen beglänzt,
Mit Estrichfliesen aus hellen Kristallen,
Mit Baldachinen von Perlen umkränzt,

Bereite ich unter frommen Gesängen
Im kostbaren Krug das köstliche Naß
Zum Bad für die Buddhas und ihre Söhne;
Schon klingen Lauten im stillen Gelaß.

Ich reibe den Leib der heiligen, hehren
Mit kostbaren Tüchern selbst mit der Hand
Und schenke jedem ein kunstvoll gewirktes,
Ein rötlich gefärbtes Seidengewand.

Mit tausend Welten durchduftenden Salben
Bestreich' ich die Körper herrlich und hold,
So daß sie leuchten wie sorgsam gewaschnes,
Im Feuer geläutertes rötliches Gold.

Mit schön gebundenen Blumengirlanden
Umkränz' ich die Jinas; vor ihnen hin

Die Gemeinde und der Kultus

> Stell' ich Gewinde von herrlichen Blumen,
> Von dunkelem Lotus und frischem Jasmin.
>
> In Wolken von Weihrauch hüll' ich voll Andacht
> Dann gläubigen Sinn's die heilige Schar
> Und bringe ihnen Getränke und Speisen
> Und andere wertvolle Spenden dar.
>
> Dann hole ich die goldverzierten Lampen
> Und schwinge sie wie Lotusse im Chor,
> Indessen auf dem wohlbesprengten Estrich
> Im Nu ersteht der schönste Blumenflor.
>
> Ich preise sie, die Meere höchster Tugend,
> Mit einem Strom gesungner Harmonien;
> Erheben möge sich empor zu ihnen
> Die Fülle dieser schönen Melodien.
>
> So viel Atome sind in Buddhawelten,
> So oft die Kniee beugend neig' ich mich
> Vor den Vollendeten in den drei Zeiten,
> Vor Lehre und Gemeinde demütig.
>
> Ich grüße alle Caityas, alle Stätten,
> Die eines Bodhisattva Fuß berührt,
> Ich neige mich vor Meistern und Asketen
> In stiller Ehrfurcht, wie es sich gebührt.
>
> Ich nehme meine Zuflucht zu den Buddhas,
> Bis daß mir selbst Erleuchtung wird zuteil,
> Zur Lehre und den heil'gen Bodhisattvas;
> Sie bürgen für mein eignes künft'ges Heil.

Das Mahâyâna hat dem Bedürfnis der Frommen nach massiven Objekten der Verehrung, von welchen segensvolle Wirkungen ausgehen, noch weiter Rechnung getragen, indem es lehrte, der Buddha selbst habe Bilder von sich in der Welt zurückgelassen, damit diese auch nach seinem Nirvâna noch die Gläubigen begnaden können. So heißt es im „Bodhicaryâvatâra" *(9, 37 f.):*

»Wenn ein kundiger Beschwörer
Einen Pfosten richtet auf,
Dann vertreibt der Pfosten Gifte
Noch im weiteren Verlauf.

So vollbringt ein Buddha-Bild auch
Wunder hier zu jeder Frist,
Wenn der Heil'ge, der's zurückließ,
Lange schon erloschen ist.«

Selbstverständlich machte das Kultische nur einen Teil des religiösen Lebens aus. Wir finden deshalb in Mahâyâna-Schriften auch zahlreiche Zeugnisse einer tiefen Gläubigkeit, wie das folgende Sündenbekenntnis *(Suvarna-prabhâsa 3, 17 ff.)*:

Die Buddhas mögen mein gedenken,
Die voll Erbarmen ohnegleichen
Den Wesen gnädig Hilfe leisten
In sämtlichen zehn Weltbereichen.

Den Welterleuchtern, welche immer
Zehnfache Kraft ihr eigen nennen,
Was ich vollbracht an bösen Werken,
Ich will es rückhaltlos bekennen.

Wenn Eltern ich und Buddhas schmähte,
Vom Guten abwich, schlecht beraten
In diesem und in andern Leben
Ruchlos vollbrachte schlimme Taten,

Wenn ich berauscht durch Macht und Schätze
Vom Tugendpfad bin abgesunken,
Wenn ich aus Hochmut mich vergangen,
Vom Weine meiner Jugend trunken,

Wenn ich durch Wort, Werk und Gedanken
Unwissend säte Unheilsaaten,

Die Gemeinde und der Kultus

> Weil ich die Folgen nicht erkannte,
> Ruchlos vollbrachte schlimme Taten,
>
> Die Sünden, die ich Tor verübte
> Aus Gier, die schweren und die leichten,
> Aus Haß und törichter Verblendung,
> Die will ich alle reuig beichten.
>
> Die Buddhas mögen von mir nehmen
> Die Lasten, welche mich beladen,
> Und mich im heil'gen klaren Wasser
> Der Ströme ihres Mitleids baden.

Außer den zahlreichen Buddhas widmet das Mahâyâna auch den großen Bodhisattvas Avalokiteshvara, Manjushrî usw. als himmlischen Nothelfern einen ausgedehnten Kultus. Während der alte Buddhismus gelehrt hatte, daß eine Frau nicht ein Buddha, ein Weltbeherrscher, ein Indra, Mâra oder Brahmâ werden könne *(M 115)*, und auch im älteren Mahâyâna noch die Tendenz vorherrscht, weibliche Wesen von den höchsten Stellen des Pantheons auszuschließen, wurde später die Anschauung allgemein, daß Bodhisattvas auch in weiblichen Gestalten erscheinen könnten; in ganz Ostasien wird der männliche Bodhisattva Avalokiteshvara auch als die weibliche „Madonna" Kuanyin (Kannon) verehrt.

Das Bestreben, alle nicht-buddhistischen Kulte Indiens (wie auch den Taoismus, Shintoismus usw.) irgendwie als Vorstufen des Buddhismus aufzufassen, fand seinen Ausdruck in der Theorie, daß auch die Götter anderer Religionen nur Gestalten sind, welche Bodhisattvas zum Nutzen der Frommen angenommen haben, um sie so leichter zum Heil führen zu können. So heißt es im „Lotusbuch" 24 von dem Bodhisattva Avalokiteshvara:

Es gibt Welten, in denen der Bodhisattva Avalokiteshvara den Wesen die Lehre in Gestalt eines Buddha aufzeigt; in anderen Welten tut er dies in Gestalt eines Bodhisattva, eines Pratyeka-Buddha, eines Shrâvaka. Einigen Lebewesen predigt er das Heil in der Gestalt von Brahmâ, von Indra oder als ein Gandharva. Denen, die der Belehrung durch einen Geist, durch einen persönlichen Weltenherrn, durch Shiva, durch einen Weltkaiser, durch einen Dämon, durch den Gott des Reichtums, durch den Kriegsgott (Skanda), durch einen Brahmanen, durch Vajrapâni zugänglich sind, verkündet er das Gesetz in der Form eines solchen. Derartige unbegreifliche Eigenschaften besitzt der Bodhisattva Avalokiteshvara. Deshalb verehrt den Bodhisattva Avalokiteshvara!

Dritter Abschnitt

DAS DIAMANTFAHRZEUG

I DIE BUDDHAS
UND DAS PANTHEON

Im Vajrayâna gewinnen die Buddhas eine ganz andere Bedeutung als in den beiden anderen Fahrzeugen. War im Hînayâna ein Buddha ein in höhere Sphären erhobener Mensch, ein Lehrer und Vorbild für alle Sterblichen, war er im Mahâyâna ein überirdischer Heilbringer, der zwar in seinem Dharmakâya-Aspekt die letzte Wirklichkeit von allem, was ist, darstellt, mit dem Weltgeschehen aber nicht in direkter Verbindung steht, so wurden im Vajrayâna die Buddhas zu transzendenten göttlichen Wesenheiten, die über bestimmte irdische Gebiete und Gegenstände eine Art Schirmherrschaft ausüben. Vor allem wird die alte Anschauung, daß jeder Buddha erst nach unendlich langen Zeiten entsagungsvoller Bodhisattvaschaft zu seiner hohen Würde gelangt ist, verdunkelt und praktisch außer Kurs gesetzt. In vielen Systemen gibt es einen uranfänglichen Âdi-Buddha, der durch seine Meditationen die anderen Buddhas, Bodhisattvas und höheren Wesenheiten ins Dasein gerufen hat und die metaphysische Grundlage auch jedes Einzelwesens darstellt. Zweck und Ziel des Heilsprozesses ist es, den Irrtum zu überwinden der dem Individuum sein Sonderdasein vorspiegelt, und die wesenhafte Identität mit dem All-Buddha zu erfassen. In vielen Systemen ist der Buddha Vairocana (der „Sonnenhafte") der Zentralbuddha, aus dem alles hervorgeht, in den vier Himmelsrichtungen umgeben ihn die Buddhas Ratnasambhava (der „Edelsteingeborene"), Amitâbha („unermeßlichen Glanz habend"), Amoghasiddhi („von unfehlbarer Zaubermacht") und Akshobhya (der „unerschütterliche"). Nichts ist für diese Lehre so charakteristisch wie der Umstand, daß jedem der fünf großen Buddhas auch je ein Kardinalfehler der Menschheit zugeordnet wird. Denn auch die Leidenschaften, welche den Weltprozeß in Gang halten, sind nicht an sich radikale Übel, sondern werden zu solchen nur, wenn sie von verblendeten Menschen und in beschränktem Maße mißbraucht werden, zur absoluten Größe gesteigert, verlieren sie ihre Unreinheit. Wer die Leidenschaften ihrem wahren Wesen nach erkennt und auf das höchste Ziel richtet, der kann dadurch ebenso zum Heil gelangen wie ein Kranker durch ein für Gesunde gefährliches Gift.

In zahllosen Strophen werden die fünf Tathâgatas (der in der europäischen Literatur eingeführte Ausdruck „Dhyâni-buddha" findet sich m. W. in den Texten nicht) mit ihren Farben, Herrschaftsbereichen usw. geschildert. Es verlohnt nicht, derartige Hymnen hier wiederzugeben, ich begnüge mich daher damit, das Wesentliche nach G. Tucci „Teoria e pratica del Mandala" *(Roma 1949, p. 58)* in einer Tabelle zusammenzufassen:

Tathâgata	Farbe	Skandha, d. h. Gruppe von Dharmas	Leidenschaft
Vairocana	weiß	rûpa (Körperliches)	moha (Wahn)
Ratnasambhava	gelb	vedanâ (Gefühle)	abhimâna (Stolz)
Amitâbha	rot	sanjnâ (Vorstellungen)	lobha (Gier)
Amoghavajra	grün	sanskâra (Triebkräfte)	îrshâ (Eifersucht)
Akshobhya	blau	vijnâna (Bewußtsein)	krodha (Zorn)

Ein besonderer Wesenszug des Diamant-Fahrzeugs ist es ferner, daß in ihm zahlreiche Göttinnen eine besondere Rolle spielen. Oben S. 197 war festgestellt worden, daß das Mahâyâna bereits eine Anzahl weiblicher Gestalten in sein Pantheon aufgenommen hat. Im Vajrayâna nimmt deren Zahl beständig zu. In der älteren Zeit wurden diese wie Prajnâpâramitâ, Târâ usw. als Bodhisattvas aufgefaßt, die zwar weibliches Aussehen haben, aber über alles Geschlechtliche erhaben sind. Diese Anschauung hat sich auch heute noch bei den japanischen Sekten Shingon und Tendai erhalten. Unter dem Einfluß alter Volkskulte, die im hinduistischen „Shaktismus" literarische Form angenommen haben, wurde das erotische Element aber auch im Vajrayâna eingeführt. Den fünf Tathâgatas wurden „Shaktis" als Gefährtinnen beigegeben, mit denen sie auch in enger Umschlingung dargestellt werden.

Ich gebe hier zwei Hymnen an Göttinnen wieder, in denen die eigenartige Verbindung devotionaler und philosophischer Gedanken bemerkenswert ist. Die Texte sind dem „Cakrasamvarabalividhi" *(J. As. 1934, p. 58)* und der „Sâdhanamâlâ" *(Gaekwad Oriental Series 41, p. 594)* entnommen.

An die Göttinnen

Ihr, denen Ruhe und Bewegung eins,
Die ihr zerbracht die Willenswelt des Scheins,

Für die das Dasein gleicht dem leeren Raum,
Weil ihr erkennt, daß alles Werden Traum,
Ihr Meere, worin reines Denken fließt
Und edlen Mitleids Woge sich ergießt:

Ihr Göttinnen, zu helfen stets bereit,
Erzeigt mir immerdar Barmherzigkeit!

An die Göttin Târâ

Du bist die Göttin, die den Lotus trägt,
Die, berggeboren, allen bringt das Heil,
Von deiner Gegenwart zeugt diese Welt,
Denn du durchdringst sie bis zum kleinsten Teil.
Wir ehren dich mit Körper, Rede, Geist,
Dich, die man als die Göttermutter preist.

In den drei Fahrzeugen erklingt dein Ruhm
Als Gipfel jeglicher Vollkommenheit,
Aus deinen Brüsten quillt der Weisheit Milch,
Die du die Leerheit bist insonderheit,
Wir ehren dich mit Körper, Rede, Geist,
Dich, die man als des Weltalls Amme preist.

Erhaben bist du über Erdenlust,
Stets den drei Kreisen* gnädig zugewandt,
Dem Blitzstrahl gleichst du, denn den Weg zu dir
Nicht unser Herz, nein, reines Denken fand.
Wir ehren dich mit Rede, Körper, Geist,
Dich, die man als des Weltalls Mutter preist.

Was bedarf es vieler Worte,
Die du schönste Früchte spendest,
Die du allen, wie sie wünschen,
Gnadenvoll herniedersendest.

---

* Vielleicht: Götter, Dämonen und Menschen.

Hervorzuheben ist schließlich noch, daß das Vajrayâna auch zahlreiche Dämonen von schreckenerregendem Aussehen verehrt. Diese werden als im Herzen gütige Wesen angesehen, die zur Abschreckung der Bösen ein furchtbares Aussehen angenommen haben, um so als „Beschützer der Religion" auftreten zu können. Daß der Buddhismus hier Geister des Volksglaubens in seinen Kult einbezogen hat, ist wahrscheinlich. Dies scheint sich auch aus den folgenden Versen der „Sâdhanamâlâ" *(p. 570)* zu ergeben:

> Wie können Arme zu dem hohen Tun
> Des hehren Buddha ihre Zuflucht nehmen?
> In zorniger Gestalt nur kann ein Gott
> Sich ihrem nied'ren Geiste anbequemen.

II DIE LEHRE

Eine eigentliche Philosophie hat das Diamant-Fahrzeug nicht hervorgebracht. Es verwendet vielmehr die „Mittlere Lehre" und vor allem die „Nur-Bewußtseinslehre" als Grundlage seiner Spekulationen. Dabei wird die „Shûnyatâ" mit seinem Zentralbegriff „Vajra" gleichgesetzt. So heißt es in Vajrashekharas „Advayavajrasangraha" *(p. 22)*:

> Weil die Leerheit hart und nicht zu spalten,
> Unveränderlich nach Art und nach Bestand,
> Unverbrennbar, niemals zu vernichten,
> Gibt man ihr den Namen „Diamant".

Die Basis des gesamten vielgestaltigen Kultus ist eine idealistische All-Einheitslehre: weil allem eine fundamentale Gleichheit zugrunde liegt, alle Wesen und Dinge nur bestimmte Aspekte des einen Geistigen darstellen und jedes einzelne auf alles wirkt, kann durch magische Akte, wenn sie richtig ausgeführt werden, alles erreicht werden.

III DER KULTUS

Wenn die Welt richtig verstanden nur eine Erscheinungsform des Ewigen ist, dann sind auch die Freuden, die sie bietet, nicht aufzugeben, können vielmehr auch von dem Weisen, der den Sinn des Daseins richtig erkannt hat, unbedenklich genossen werden. Es heißt deshalb im „Subhâshitasangraha" *(ed. C. Bendall, „Muséon" V, p. 255):*

> Sinnengenuß, der ihn beglückt,
> Wird ihn nicht beim Genießen beflecken,
> Wie man die Lotusblüte pflückt,
> Ohne die Hand ins Wasser zu stecken.

Der Esoteriker, der mit der Wissenschaft der Mantras (Zaubersprüche) vertraut ist, kennt die Mittel und Wege, um sich von allem Schlechten zu reinigen.

> Der Sinnenfreuden Vollgenuß
> Schenkt uns bald Wonne, bald Verdruß.
> Nur Yoga und Erkenntniskraft
> Das Glück des Daseins uns verschafft.
> Die Reinheit von Leib, Rede, Geist
> Sich nur von großem Wert erweist,
> Wenn Mantra-Wissen sie gebar.
> Dann führt zum Heil sie, das ist wahr.

(Hevajrasekaprakriyâ J. As. 1934, p. 27)

Der Gebrauch heiliger Mantras und die Meditationen über die in einem Mandala (magischen Diagramm) sinnbildlich dargestellten kosmischen und geistigen Zusammenhänge und heilige Weihehandlungen, vor allem Initiationsriten (Abhishekas) vermögen auch die größte Sündenschuld zu tilgen.

> Seit Kalpas sich die Sünden häufen
> In immer neuen Lebensläufen.
> Sie alle insgesamt vergehen,
> Wenn man dies Mandala gesehen.

> Auch neue Sündenschuld muß weichen,
> Spricht man die Mantras ohnegleichen:
> Sogar den Sterbenden kann retten
> Von schlechter Existenzen Ketten
> Ein Spruch, von Heiligen gelehrt,
> Der schlechte Wiederkunft verwehrt.
>
> *(Hevajrasekaprakriyâ J. As. 1934, p. 21)*

Abschließend sei noch der Text eines Weiheritus mitgeteilt, in dessen Mittelpunkt die Benetzung (abhisheka) des zu Weihenden mit heiligem Wasser steht (also wie bei unserer Taufe). Der Zweck des hier mitgeteilten Abhisheka, der nach Strophe 40 den Namen „Cakravarti-abhisheka", d. h. Weihe zu einem Weltbeherrscher (der heiligen Lehre), führt, ist es, den Initianden die zukünftige Buddhaschaft zu verleihen. *(Strophe 38 ff.)*

Der Text wurde zuerst von J. Kats *(s'Gravenhage 1910)*, später von K. Wulff *(Kopenhagen 1935)* herausgegeben. Er wurde in dem bis zum 15. Jahrh. buddhistischen, heute mohammedanischen Java gefunden und scheint in der vorliegenden Form dem 10.–13. Jahrh. n. Chr. anzugehören. Er besteht aus Sanskritstrophen, denen ein Kommentar in alt-javanischer Sprache beigefügt ist. Da des letzteren Angaben für die Erklärung nicht ausreichen, ist der Text früher in vielen Punkten nicht richtig verstanden worden, durch Vergleich mit Schriften, die ähnliche Weihen schildern, und auf Grund einer in vielen Einzelheiten übereinstimmenden Abhisheka-Handlung, an der ich am 20. Oktober 1930 im Tempel der Tendai-Sekte im Asakusa-Park in Tokyo teilnahm, glaube ich aber die heiligen Zeremonien im wesentlichen zutreffend interpretieren zu können.

Der Text gliedert sich, wenn ich ihn richtig verstehe, in drei Abschnitte: In den Strophen 1–9 werden die Initianden erst einzeln, dann zusammen auf die Weihe vorbereitet. Die Strophen 10–20 begleiten dann die einzelnen heiligen Handlungen: den Schwur beim Eidwasser, (10) die Übermittelung der heiligen Symbole Vajra (Beschwörungszepter), Glocke und Mudrâ (konsekrierte Frau), die Erläuterung der übernommenen Verpflichtung, die nach dem (Buddha) Vajrasattva (Diamant-Wesen) heißt (12). Mit verbundenen Augen werden die Initianden dann in einen vorher von ihnen nicht betretenen Nebenraum geführt, wo sie vor das Mandala treten und eine Blume werfen. Der Buddha, auf den diese trifft, ist dann ihr Schutzbuddha. Nachdem die Binde wieder entfernt worden ist, bekommen die Initianden heilige Symbole zu halten, die sie in ihrer neuen Würde als künftige Buddhas ausweisen (16–20). Den dritten Teil (21–42) des Ganzen bilden dann Unterweisungen verschiedener Art, unter denen die Unnötigkeit der Askese (23, 31), die Notwendigkeit der Geheimhaltung des Ritus (25, 30) und die übertriebene Bedeutung des Guru, des geistigen Lehrers (33–38) besonders hervorzuheben sind.

Der Text hebt mit der üblichen Formel „Verehrung dem Buddha" und den drei heiligen Silben „om, am, hum" an, welche den „Diamanten der Dreiheit von Körper, Rede und Denken" symbolisieren.

Die heilige Handlung beginnt damit, daß ein Priester an einen wartenden Initianden herantritt und zu ihm spricht:

1 Laß dir, Sohn, das Fahrzeug weisen,
   Das dich, edler Weisheit voll,
   Als Adepten hoher Lehren
   Zur Vollendung führen soll.

Genauer: die Lehre, in welche der Initiandus eingeweiht werden soll, wird als eine zum Mahâyâna gehörige Methode der Mantra-Praxis (mantra-caryâ-naya) charakterisiert. Der Priester fährt dann fort:

2 Buddhas, die noch kommen werden,
   Buddhas der Vergangenheit,
   Buddhas, die die Welt erleuchten
   In der gegenwärt'gen Zeit,

3 Haben dieses Mantra-Wissen
   Selbst gefunden und erkannt
   Und am Fuß des Bodhibaumes
   Geisteskräftig angewandt.

4 Hat doch auch der Shâkya-Löwe
   Durch der Mantras Zaubermacht
   Das gewalt'ge Heer des Mâra
   Wunderbar zu Fall gebracht.

5 Folge drum des Meisters Worten,
   Wandle der Erkenntnis Bahn

Der Kultus

Und zerstöre unerbittlich
Falscher Vorstellungen Wahn.

Der Meister führt den Schüler dann (in einen anderen Raum?) zu den anderen Initianden und redet die Versammelten also an:

6 Dieser Weg des Mahâyâna
Führt schon hier zum höchsten Heil,
Geht ihn und das Ziel des Lebens,
Buddhaschaft, wird euch zuteil.

7 Steht ihr fest in dieser Ordnung,
Höchste Ehren ihr genießt,
Selig in euch selbst gegründet;
Dann das Letzte sich erschließt,

8 Das dem Denken unerreichbar,
Gleich dem Aether fleckenrein,
Über alles Leid erhaben
Jenseits steht von Nichts und Sein,

9 Das gelöst von Tat und Werken
Zwiefach Wahrheit in sich birgt,
Über allen Schein erhaben
Scheinbar in der Scheinwelt wirkt.

Die Initianden bekommen dann heiliges Wasser zu trinken und schwören, die bei den Weihen zu übernehmende Verpflichtung (samaya) getreulich einzuhalten. Als „Herz des Schwures" (shapatha-hridaya) werden im Text die dabei zu sprechenden Worte „Om, bajrodaka, om hum" (Om, das Vajra-Wasser om, hum) bezeichnet. Ob hiermit zugleich die Scheitelbesprengung vor sich geht, ist nicht ersichtlich.

Ein Priester spricht dann zu jedem einzelnen:

10 Dieses Wasser Schuldbelad'ne
Wie ein Höllenstrom verbrennt,
Doch ein Nektar ist's für jeden,
Der die Ordnung schützt und kennt.

Er überreichte ihm dann den Vajra (das Beschwörungsszepter) und die Glocke und macht ihn mit der Mudrâ (Frau) bekannt:

11 Vajra, Glocke sowie Mudrâ
   Tue keinem Weltling kund,
   Niemals darf sie je verspotten
   Eines Ungeweihten Mund.

Darauf belehrt der Priester den Schüler über die von ihm durch die Riten eingegangene Verpflichtung, den nach Vajrasattva genannten „Diamant-Pakt", durch welche er das heilige Wissen in sich aufnimmt.

12 Heilig ist der Diamant-Pakt,
   Der nach Vajrasattva heißt,
   Mit ihm lasse in dich eingehn
   Des Erleuchtungswissens Geist.

Dem Schüler werden dann die Augen verbunden, so daß er nichts Weltliches mehr sieht und sich ihm das geistige Auge öffnet.

13 Om!
   Vajrasattva, der all-äugig
   Jedes Auge öffnen kann,
   Hat dir heut das langverschloss'ne
   Weisheitsauge aufgetan.

Man führt dann den Initianden vor das Mandala und läßt ihn die Blume werfen.
Dadurch ist seine Verbindung mit der höheren Welt hergestellt und der Keim der Buddhaschaft in ihn gelegt.

14 Sieh das Mandala hier vor dir,
   Höchsten Glauben laß entstehn,
   In des Buddha Stamm geboren
   Mit den Mantras wohlversehn.

15 Alle Stufen der Vollendung
   Stehn dir offen; du durchmißt
   Alle Pfade, wenn du gläubig
   Treu der Mantra-Lehre bist.

Der Kultus

Mit den Worten

»im om Vajrasattvâya harahara patalîm hrîh«

wird dem Geweihten dann die Binde abgenommen; als Sinnbild der vollzogenen Öffnung des geistigen Auges, d. h. der Entfernung des Nichtwissens, wird ihm eine Nadel (shalâka), ein bei Staroperationen verwendetes chirurgisches Instrument, in die Hand gegeben.

16 Jeder Schleier ist gefallen,
   Der einst um dein Denken war,
   Durch der Ärztefürsten Nadeln
   Ward gestochen dir der Star.

Es folgt dann die Überreichung des Spiegels als Symbol der „Leerheit" (shûnyatâ): So wie die Bilder in einem Spiegel keine eigenständige Realität haben, sondern in Beziehung auf etwas ihm selbst nicht Angehöriges da sind, so haben auch die Dharmas (Daseinsfaktoren), durch deren Wechselspiel das ganze irdische Leben vor sich geht, keine wahre Realität. Im höchsten Sinne wirklich ist nur das „Leere", in dem der ganze Weltprozeß verläuft, das aber, wie der leere Raum, von nichts berührt wird.

17 Spiegelbilder sind die Dharmas,
   Ungetrübt und klar und rein,
   Durch Bedingungen entstanden,
   Ohne eigenständ'ges Sein.

Wenn man so erkannt hat, daß alle Dharmas an sich rein sind und nur durch ihr Zusammenwirken das leidvolle Leben im Sansâra hervorbringen, dann erscheint alle egoistische Betätigung als sinnlos; der Geweihte soll als Bodhisattva allen Wesen Gutes tun:

18 Wenn als unwirklich die Dharmas
   Du erkannt und fleckenlos,
   Tue allen Wesen Gutes
   Als ein echter Buddhasproß.

Dem Schüler wird jetzt ein Vajra überreicht, um darzutun, daß Vajrasattva, der Buddha der Weisheit, von ihm Besitz ergriffen hat.

19 Vajrasattva, Herr der Buddhas,
   Ungetrübt und klar und rein,

> Steht jetzt fest in deinem Herzen
> Und durchdringt dein ganzes Sein.

Um anzudeuten, daß der Geweihte fortan anderen die Buddhalehre verkünden soll, wird ihm ein „Gesetzesrad" (dharmacakra) und das die zehn Himmelsrichtungen durchdringende „Muschelhorn der Lehrverkündigung" (dharma-shanka) zu halten gegeben.

> 20 Dreh von heute ab der Buddhas
> Heiliges Gesetzesrad,
> Laß das Muschelhorn ertönen,
> Dien' der Lehre durch die Tat!

Es folgen Belehrungen über das richtige Verhalten des Geweihten:

> 21 Halt' dich fern von jedem Zweifel,
> Nimm die Lehre gläubig hin
> Und verbreite sie getreulich
> In der Mantra-Mystik Sinn.

> 22 Dienst den Donnerkeil-bewehrten
> Buddhas du zu jeder Frist,
> Preist man dich, und ihres Schutzes
> Immerdar du sicher bist.

Diese Strophe bezieht sich vielleicht darauf, daß der Geweihte jetzt einen neuen Namen erhält, welcher sein Schutzverhältnis zu einem bestimmten Buddha zum Ausdruck bringt. Der Text fährt dann fort:

> 23 Nichts ist dir verwehrt, wenn Tatkraft
> Mit Erkenntnis du vermählst,
> Was an sinnlichen Genüssen
> Unbedenklich du auch wählst.

> 24 Von Natur die Bodhisattvas
> Bleiben stets dem Wandel treu,
> Handle für das Wohl der Wesen,
> Von den Leidenschaften frei.

Der Kultus 213

25 Jeder, der die Ordnung hasset
 Oder der den Pakt verrät,
 Ist geflissentlich zu töten,
 Auf daß Buddhas Wort besteht.

Nachdem in Strophe 10–25 die Geweihten individuelle Belehrung empfangen haben, werden sie jetzt wieder zusammen angeredet:

26 Heute habt ihr das geheime
 Hehre Mandala erblickt,
 In dem heil'gen Kreis geläutert,
 Seid der Sünde ihr entrückt.

27 Nirgends gibt es eine Wonne,
 Die der dieses Fahrzeugs gleicht,
 Unanfechtbar in der Tugend
 Jede Sorge von euch weicht.

28 Diese Satzung zu bewahren,
 Sei euch allen höchste Pflicht,
 Denn ihr selbst seid gleich den Buddhas
 Und die Satzung schwindet nicht.

Die folgenden Strophen sind wieder an einen einzelnen gerichtet:

29 Den Gedanken der Erleuchtung,
 Der durch Mudrâ „Vajra" ward,
 Darfst du niemals von dir lassen,
 Er verleiht dir Buddha-Art.

30 Nie verwirf die wahre Lehre,
 Gib sie niemals willig auf,
 Noch enthüll' sie aus Verblendung
 Toren hier im Weltenlauf.

31 Wer von Selbstheit sich zu lösen
 Seinen Leib kasteit, der irrt.
 Ein gemächliches Genießen
 Ziemt dem, der ein Buddha wird.

32 Vajra, Glocke, sowie Mudrâ
   Von dir laß zu keiner Frist,
   Hoch verehre stets den Meister,
   Der gleich allen Buddhas ist.

33 Wer den Buddha-gleichen Guru
   Nicht gebührend hoch geschätzt,
   Den wird solches Leid befallen,
   Wie wenn Buddhas er verletzt.

34 Darum einem Vajra-Meister
   Stets zu dienen sei bemüht,
   Wenn auch seiner Tugend Schöne
   Deinem Blicke sich entzieht.

35 Stets erfülle du die Satzung,
   Singe stets der Buddhas Preis,
   Stets gehorsam sei dem Guru,
   Der den Weg zum Heile weiß.

36 Unvergänglich ist die Gabe,
   Die du Meistern dargebracht,
   Denn sie mehrt den Schatz der Werke,
   Bis das höchste Heil erwacht.

37 Seinem Guru soll man opfern
   Selbst das eigne Lebensblut,
   Weib und Kind, die nie man weggibt,
   Um so mehr auch irdisch Gut.

38 Denn er spendet schon in diesem
   Dasein höchste Buddhaschaft,
   Die man sonst erst in Äonen
   Sich erkämpft aus eigner Kraft.

Die Schlußstrophen wenden sich wieder an alle Geweihten:

39 Heute hat euch Frucht getragen
   Eures Erdenwandels Zeit,

Der Kultus 215

>   Die ihr, göttergleich geworden,
>   In euch selbst gegründet seid.

Der Ausdruck „svayambhuvah", den ich auch oben in Strophe 7 mit „in euch selbst gegründet" übersetzte, ist eine Bezeichnung für Buddhas.

> 40 Heute weihten euch die Buddhas
>   Und die Vajri-Schar zugleich.
>   Damit seid ihr anerkannte
>   Herren im Dreisphärenreich.

Kommentar: ›Seid wohlgemut: ihr seid geweiht worden von allen Tathâgatas und Tathâgatîs.* Der Name der Weihe, die ihr empfangen habt, ist ‚die Weihe des Weltbeherrschers' (cakravarty-abhisheka).‹

> 41 Heut als Sieger über Mâra
>   Zogt ihr in die höchste Stadt,
>   Jeder von euch ohne Zweifel
>   Buddhatum zu eigen hat.

Die „höchste Stadt" ist nach dem Kommentar das Nirvâna.
Das Werk schließt, dem Brauch indischer Kunstdichtung entsprechend, mit einer Strophe in anderem Metrum:

> 42 Im Bewußtsein dieses Segens
>   Und für dieses Glück empfänglich
>   Freut euch des erlangten Heiles,
>   Das für immer unvergänglich.
>   In der Welt, so reich an Leid,
>   Habt ihr Buddha-Seligkeit!

---

* Der Ausdruck „Tathâgatî" für die Gefährtin eines Buddha ist mir bisher nur in dem javanischen Kommentar zu diesem Werk begegnet.

VERZEICHNIS DER ABKÜRZUNGEN

A	=	Anguttara-Nikâya (P. T. S.)
Atth	=	Atthasâlinî (P. T. S.)
B. B.	=	Bibliotheca Buddhica (St. Petersburg)
Bv	=	Buddhavansa (P. T. S.)
D	=	Dîgha-Nikâya (P. T. S.)
Dh	=	Dhammapada (P. T. S.)
It	=	Itivuttaka (P. T. S.)
J	=	Jâtaka (London 1877–97)
J. As.	=	Journal Asiatique, Paris
J. A. S. B.	=	Journal of the Asiatic Society of Bengal
J. R. A. S.	=	Journal of the Royal Asiatic Society, London
Lal	=	Lalitavistara (Halle 1902-1908)
Lotus	=	Lotus des Guten Gesetzes (B. B.)
M	=	Majjhima-Nikâya (P. T. S.)
Mil	=	Milindapanha (London 1928)
MK	=	Mâdhyamika-Kârikâ (B. B.)
p.	=	pagina, Seite in zitierten Schriften
P. T. S.	=	Pâli Text Society
S.	=	Seite des vorliegenden Buches
Sa	=	Samyutta-Nikâya (P. T. S.)
Schlingloff	=	Dieter Schlingloff, Buddh. Strotras aus ostturkistanischen Sanskrittexten, Berlin, 1955
Shiksh	=	Shikshâsamuccaya (B. B.)
Snip	=	Suttanipâta (P. T. S.)
Therag	=	Theragâthâ (P. T. S.)
Therîg	=	Therîgâthâ (P. T. S.)
U	=	Udâna (P. T. S.)
Vism	=	Visuddhimagga (P. T. S.)

Die Zitate folgen der Zählung der benutzten Textausgaben: bei Dh, Snip, Therag, Therîg und anderen Dichtungen werden die *Strophen*, bei D, It, M die *Reden* von Anfang an durchgezählt, bei A, Sa, U werden die einzelnen Lehrstücke innerhalb jedes Hauptabschnitts besonders numeriert. In Texten, die keine entsprechende Aufgliederung aufweisen, wurde die Seitenzahl (mit vorgesetztem „p.") angegeben. Dasselbe geschah auch zusätzlich in Fällen, in denen die angeführten Stellen infolge des Umfangs der Textabschnitte sonst schwer auffindbar wären.

BEMERKUNGEN ZUR AUSSPRACHE

In indischen Wörtern sind zu sprechen:

c wie deutsches „tsch",
j wie deutsches „dsch",
s wie deutsches „ss",
sh ungefähr wie deutsches „sch",
v wie deutsches „w",
y wie deutsches „j".

Das h im indischen bh, ch, dh, gh, jh, kh, ph, th ist ein deutlich hörbarer Laut („Buddha" sprich: „Budd-ha").

Das n vor k-, g- und s-Lauten und h ist wie ein auslautendes n im Französischen zu sprechen: sankhâra sprich: ssangkhâra, ahinsa sprich: ahingssâ.

Der Ton liegt möglichst auf der ersten Silbe (Gaútama), falls nicht eine von Natur (â, ai, au, e, î, o, û) oder durch folgende Doppelkonsonanz lange andere Silbe den Ton auf sich zieht (Tathâgata, sanskâra, Uruvélâ Kapilavástu, Shrâvástî).

Der Einheitlichkeit halber wurden alle Eigennamen und Bezeichnungen philosophischer Begriffe in der Sanskrit-Form gegeben, doch wurden gelegentlich die Pâli-Formen in Klammern beigefügt.

INHALT

Vorwort ... 5
Einleitung ... 7

Erster Abschnitt

DAS KLEINE FAHRZEUG

I Der Buddha

1 Buddhas Lebensziel ... 27
2 Die Grundzüge der Lebensgeschichte des Buddha ... 27
3 Die legendenhafte Ausgestaltung der Buddhabiographie ... 34
    Die Vorgeschichte ... 34
    Die Geburtslegende ... 38
    Die Versuchung vor der Erleuchtung ... 40
    Die fünf Traumbilder vor der Erleuchtung ... 43
    Die Bekehrung der Jatilas ... 43
    Buddhas Wunderkräfte ... 45
    Die Merkmale eines Vollendeten ... 48
4 Die früheren und die zukünftigen Buddhas ... 51

II Die Lehre

1 Wesen und Bestimmung der Lehre ... 55
2 Die Weltordnung ... 58
3 Die falsche und die richtige Weltdeutung ... 61
4 Die fließende Wirklichkeit ... 69
5 Leid und Leidenschaft ... 84
6 Der Stufengang zum Heil ... 89
7 Das Nirvâna ... 102

III Die Gemeinde und der Kultus

1 Der Mönchsorden ... 106
2 Die soziale Ordnung ... 111
3 Der Kultus ... 115

Zweiter Abschnitt

DAS GROSSE FAHRZEUG

I Der Buddha und die Buddhas

1 Buddha-Hymnen	127
2 Wundergeschichten	128
3 Der Buddha des Lotus des Guten Gesetzes	132
4 Der Buddha Amitâbha und sein Paradies	145
5 Die drei Körper eines Buddha	149

II Die Lehre

1 Wesen und Bestimmung der Lehre	152
2 Der Unterbau: Die mit denen des Kleinen Fahrzeugs übereinstimmenden Lehren	154
3 Der Überbau: a) Die „Mittlere Lehre"	161
b) Die „Nur-Bewußtseinslehre"	168
4 Die Ethik und der Weg zur Erleuchtung	173
5 Das Nirvâna	185

III Die Gemeinde und der Kultus

1 Der Mönchsorden	189
2 Die soziale Ordnung	191
3 Der Kultus	192

Dritter Abschnitt

DAS DIAMANTFAHRZEUG

I Die Buddhas und das Pantheon	201
II Die Lehre	205
III Der Kultus	206
Verzeichnis der Abkürzungen	216
Bemerkungen zur Aussprache	217

Hans Wolfgang Schumann
Buddhistische Bilderwelt
Ein ikonographisches Handbuch des Mahayana- und
Tantrayana-Buddhismus
Mit 420 Abbildungen. 348 Seiten im Lexikonformat, Leinen

Erstmals wird das gesamte Pantheon des Himalaya-Buddhismus
dargestellt. Das Werk hilft, in Text und Bild die verwirrende Fülle
von Buddhas, Bodhisattvas, Heiligen und historischen Gestalten
zu identifizieren und sie in ihren religiösen Zusammenhängen zu
verstehen. »Ein großartiges Handbuch, das man gerne zur Hand
nehmen wird, um sich zu einem tieferen Verständnis buddhistischer
Kunst führen zu lassen« (FAZ).

Hans Wolfgang Schumann
Der historische Buddha
Leben und Lehre des Gotama
DG 73. 320 Seiten mit 16 Abbildungen.

»Hans Wolfgang Schumann verfolgt das Ziel, die Persönlichkeit eines
Religionsstifters ›aus dem Dschungel der Legenden zu befreien‹.
Daß dieser Anspruch eingelöst wurde, ist der doppelten Qualifikation des Autors als Indologe und vergleichender Religionswissenschaftler zu verdanken.« Deutsches Allgemeines Sonntagsblatt

Gshe Lhündub Söpa/Jeffrey Hopkins
Der Tibetische Buddhismus
Mit einem Vorwort des Dalai Lama.
DG 13, 224 Seiten mit 8 Abbildungen.

Ein Meditationsbuch zur praktischen Übung, mit den Basistexten
»Die drei Hauptaspekte des Pfades« und »Der kostbare Kranz der
Lehrmeinungen«. Zugleich Einführung in die grundlegende
buddhistische Theorie. So wie Übung und Lehre die beiden
Grundpfeiler des Tibetischen Buddhismus ausmachen, ergänzen
und bedingen sich die beiden Texte dieses Handbuches.

Eugen Diederichs Verlag